知的生きかた文庫

人生が思い通りになる「シンプル生活」

ワタナベ薫

JN102363

三笠書房

はじめに

気づくだけで〝心〟が軽やかに変わります！

あなたは、グッドデザイン賞を受賞した作品をご覧になったことはありますか？　家電、車、雑貨、インテリア用品……。その他様々な分野において年に一度、公益財団法人日本デザイン振興会が主催する、総合的なデザインの推奨制度で、受賞作品を表彰するものです。

選ばれた商品に共通することは、非常に斬新ながらも、どれもシンプルなことです。複雑な作りの作品が選ばれたのを見たことがないくらい、どれも無駄がまったくなく、また見た目にも非常にスマートで心地よい作品です。

そうです。共通する点は、「無駄がなくシンプル」というところ。これは私たちの人生においても言えることです。無駄がなくシンプルですと、それは心地よさをもたらします。

最近の傾向としましては、生き方、家や部屋、そして、人間関係に関してもシンプルさが注目されていて、その種の本が大人気です。すべてにおいてシンプルに生きることは、すべての人が目指すべき生き方とさえ言えることでしょう。

複雑な社会だからこそ、自分の根幹をなす軸をみつけ、その軸を中心に人生を歩んで行くなら、本当にあなたの人生は自由自在です。複雑にしているのは、自分自身なのです。思考がシンプルになれば、あなたの生活、そして人生までもがシンプルになり、複雑に物事を考えることがなくなります。

つまり、それは悩みが減る、という意味です。現代は情報社会であり、私たちの思考が複雑ですと目に入る情報に一喜一憂し、情報に振り回されてしまいます。シンプルに思考を整えていく方法を本書ではお伝えいたします。

この本を読むと「なーんだ、人生ってホント、シンプルなんだー」ということに気づかれることでしょう。シンプル生活は片付け、人間関係、思考のどこからシンプルにしても連動します。本書はきっとあなたらしいシンプル生活をプロデュースする一冊となることでしょう。

ワタナベ薫

人生が思い通りになる「シンプル生活」

Contents

Chapter 1

人生がスッと動き出す「シンプル生活」のススメ

Chapter 2

ブレない自分をつくる思考と行動のシンプル習慣

Chapter 3

「ありのままの自分」でうまくいく人間関係のシンプルなコツ

Chapter 4

「いいこと」がたくさん起こる！モノと感情のシンプル整理術

本文ＤＴＰ　株式会社ＳｕｎＦｕｅｒｚａ

Chapter 1

人生がスッと動き出す「シンプル生活」のススメ

人生が変わる「シンプル生活」とは……

本書では、人生における様々な分野をシンプルにすることについてお伝えしますが、**最も大事なポイントは「思考」です。**

思考がシンプルになりますと、どんなメリットがあるでしょうか？

思考が変われば、行動も変わってきます。行動が変われば、結果も変わります。

その結果は色々とありますが、いつの間にか、片付けができるようになり、好きでもない人との付き合いなどもやめることができます。人間関係がシンプルになりますと、無理に付き合うことがいかに人生の中で無駄なことなのかが理解でき、嫌われることも恐れなくなっていきます。

シンプル思考に関してはこの後でも詳しく述べますが、私たちは、物事に対して非常に無駄な意味付けと、複雑な考え方をしています。そして、その思考はクセになっていて、繰り返しますので、似たようなトラブルを引き寄せます。

しかし、そのクセは直すことが可能です。最初はまっさらな状態からクセは作られましたから、同じ手法で、あなたにとって望ましい思考経路を作り、それを反復作業のごとく繰り返すだけで新しいシンプル思考を作ることができるのです。

また、複雑にしている人間関係についてはいかがでしょうか？

日本人は「和」を重んじています。それ自体はとても素晴らしいことではあるのですが、それが高じて、「みんなと同じがいい」「目立ってはダメ」と思い、「嫌われることへの恐れ」を持ち、それゆえ、言いたいことも言えずに、我慢してストレスを溜めたり、我慢の人生を送り続ける人がいます。

付き合いたくない人と付き合い、行きたくもない飲み会に我慢して行き、好きでもない相手とも無理してヘラヘラと笑って過ごす……。会社の付き合いなどならまだ理解もできますが、なぜか、プライベートの付き合いでもそれを続けている人がいます。しかし、それらは、これまでの惰性や行動のクセによるものです。

もし、自分の好きなところに行き、自分の好きな人とだけ付き合い、無理のない人間関係を構築できたらどんなに気持ちが楽でしょうか？ 人生をシンプルにするとは、そのような分野にまで及びます。

人生を複雑にしているのは、自分自身です。実を言えば、脳も潜在意識も、自然や宇宙さえも本当にシンプルなのです。それらを見習って生きるだけで、物事はスムーズに流れるように進んでいきます。

それらのものがどれだけシンプルか少しだけお伝えいたしましょう。例えば、脳も潜在意識も、主語を聞き分けません。相手に言った悪口は、自分への悪口としてインプットされます。相手に褒め言葉を言えば、脳も潜在意識も、自分への褒め言葉として受け取り、そのインプットされた通りの言動をし始めます。

また自然の法則もそうです。例えば、いつも不快な気持ちで過ごしていれば、その感情からくる不快感の周波数を自ら発しますので、その周波数と同じ不快な事象を引き寄せます。これは巷で言う引き寄せの法則の根幹をなすものです。いつも感謝の気持ちで心地よく過ごせば、その心地よい周波数と同じものを引き寄せます。

また、感情を乗せて発した言葉通りのことが現実化するのも自然の法則です。

例えば、私の知り合いの女性の話を一ついたしましょう。

27歳のその女性は、会社でのストレスが高じて、精神的に病んだ状態が続きました。彼女はとても疲れていたので、「もう、生きるのに疲れた……病気にでもなって入院して休みたい」と何度も思ったそうです。こうした自然のシンプルな法則を知っている方なら、このようなことは怖くて願いません。彼女は自分の願い通り、2ヶ月後、脳腫瘍で入院しました。その後、会社を辞めました。

彼女は生き方を複雑にしていたのです。もっとシンプルに、ストレスを軽減させる方法や、会社を休むなり、部署を変えてもらうなり、辞めるなどして休息をとればよかったのです。「会社は休めない、辞められない」という複雑な思い込みによって、もっと複雑な形で会社を去ることになったのです。

これはただの一例ですが、感情や思考や生き方そのものを複雑にしていること、あなたにもありませんか？

本書は、人生そのものをシンプルにする方法を伝えるものです。人生の中のありとあらゆる無駄を省くこと、つまりそれは、物を所有することもそうですが、思考、環境、人間関係、感情もシンプルにすることで、もっともっとあなたの必要なところにエネルギーを注ぎ、ひいては人生そのものにスペースを空ける、つまり余裕を持つことにつながっていくのです。

余裕があれば、自分の好きなところにエネルギーを注ぐことができます。そして、それによりあなた自身の幸せな人生が構築されていくのです。あなたの人生はあなた自身でデザインできます。好きなようにデザインするには、まず、あなた自身とあなたの環境をシンプルにして、真っ白なキャンバスのようにいったんリセットしてみましょう。そして、あなたが望むシンプル生活を手に入れて、輝いた人生を謳歌してくださいね。

Point

- 人生を複雑にしているのは自分自身。
- 人生の無駄を省くと幸せの入り込むスペースができる。

一度やるとやめられない！シンプル生活

『シンプル　イズ　ベスト』、この言葉を聞いたことはありますよね？　しかしながら、私たちの生活は何かと複雑です。それに伴い、思考も、人間関係も、生活環境もすべて連動し、複雑になっています。経験した者だけがわかることですが、様々な分野でシンプルにすることの益は、計り知れません。

シンプルにできるものは、生活の中、人生の中に山ほどあります。そのたくさんある部分を一気にやろうとすることもまた、物事を複雑化してしまうことになるのです。

本書でご紹介する項目の中から、最初はどんな分野でもいいので、あなたがやりやすいと思った一つを選んで実践していきますと、〝シンプル〟の素晴らしさを体感し、シンプルのスパイラルに入っていき、もっともっとありとあらゆる分野で〝シンプル〟を求めていくようになります。また成果があれば、さらなる別の分野の〝シンプル〟に影響を与えます。

脳には「報酬システム」と呼ばれている部位があり、物事がうまくいったり、いきそうになったりすると、ドーパミンという快楽物質が出て、「さあ！　もっとやろう！」という気持ちにさせてくれるのです。

簡単に言うと、何か一つを「心地よい」と思ったら、そこから得られる「快」の気持ちが自分のご褒美となってもっとそれらをやりたくなる、というわけです。それらが続いていくことで、やる→快の気持ち→やりたくなる→もっとやろう！ということになり、体に染み込み記憶されたシンプルな生き方、シンプルな生活がやみつきになっていくのです。

本書は、タイムマネジメントについては論じていませんが、シンプル生活を実践していきますと、いつの間にか、あなたにとって最高のタイムマネジメントもできるようになります。**人生とは時間の積み重ねです。**この時間をマネジメントできるということは、人生そのものをマネジメントできることになるのです。

シンプルに物事を考えられるようになると、今まで複雑にしていた無駄な時間を、有意義な生産性の高い時間に変えられることでしょう。さあ、その時間を何に充てたいですか？ どんな有意義なことに用いていきたいですか？

どうぞ、楽しみながら読み進めてください。そしてどうぞ実践、行動してください。何か一つが変わると、人生全体のシンプルライフの扉を開くことになるからです。

Point

- **何か一つがシンプルに変わると、人生全体がシンプルになる。**
- **一度実践すると、シンプル生活はやみつきになる。**

人生を楽に生きるたった一つの視点

昭和初期と比べたら、平成そして令和という時代は、過去には想像もつかなかったほど便利な世の中になったものです。今では小学生でさえスマホ所有率は4～5割。食器洗いも、床掃除も家電が行い、時短のための新しい物たちは日々開発され続けています。

そう考えてみますと、私たちの時代には、時間短縮するべく様々な便利な物が出回りました。その割には、何だかやらなければならないことが、多いような気がしませんか？ さらに言えば、それらをきっちり果たさなければ、何となく自分がダメなような気がするのも、日本人の傾向かもしれません。完璧主義ですね。

あれもやらなければならない、これもやらなければならない、いつの間にかその範疇は広がり、「これはやるべき」「それはやらないほうがいいよ」と他の人にもおせっかいを焼いたり、他の人を自分の型にはめようと、無意識でジャッジしてしまう人もいるくらいです。しかし、一つ申し上げたいのは、

あなたに、やらなければならないことなど何一つない

ということです。

これは私の経験ですが、とあるセミナーのワークで「全生活の中であなたがどうしてもやらなければならないことって何ですか？」と質問が投げかけられ、それぞれの人々は、その答えを書き出しました。そして、書いた内容をグループワークで発表し合いました。

おもしろいことに、6人グループのうち、私とある男性だけが、「自分がしなければならないことなど何一つない」と書きました。明日からでも、全部やめることができる、と。

その男性と私はすべて、『自分でしたいからする』というスタンスで生きていたのです。

一方で、他の人々が書き出した内容は、「家事をやらなければならない」「会社に行かなければならない」「家族サービスをしなければならない」……そして、本当に小さなことにも縛られていました。そう、時間のみならず、自分自身、そして自分の人生そのものも、それらによってコントロールされていたかのようでした。

あなたはいかがでしょうか。ちょっと立ち止まって考えてみましょう。

人生という観点から、そして、命という観点から見た時に、やらなければならないことなんて何一つないことに気付きます。ちょっと視点を変えて考えてみますと、**今、やらなければならないと思ってやっていることも、実はあなたがやりたくてやっていること**なのです。

〝やらなければならなくてやっている〟という気持ちで取りかかるのと、〝自分がやりたくてやっている〟ということで取りかかるのとでは、成果は天と地ほども違っており、フットワークもまったく違います。

「しなければならない」と認識した時点で人のパフォーマンス（実行力）は下が

ります。そして、課せられているような気持ちがモチベーションも下げるのです。一方、自分がやりたくてやっていると思うと、目の前にある事柄がものすごく軽く感じます。

ですから、しなければならないという感覚よりも、やりたいからやろう、と思うのです。

例えば、会社員や主婦の方は、しなければならないと思っていることが、たくさんあることでしょう。しかし、結局それは、あなたのしたいことであると認識すると意志を持ってやれるものです。

ハッキリ言ってしまえば、掃除なんて数日しなくても、多少汚くても、本当は何とかなりますし、洗濯も、溜めても本当は何とかなるもの。でも、あなたはそれをしないと、あとで困るからするのですよね？ということは、それはしなければならないことではなくて、あなたが「あとで困りたくない」……だから「したい」ことだと認識すると、軽く感じられるようになります。

結局、私たちは、全部自分で「したい」と思ってそれを選択している。会社の飲み会も、行きたくないなら行かなければいいのに、結局行くというのは、それなりの何か小さくてもメリットがあるからですよね。この飲み会に行くことで、会社での評価にも多少つながるとか、友達がいないのは寂しいから、好きではなくても参加していたほうが心が落ち着く、だから出席する……のであれば、それはあなたが行きたくて行っているということ。

行っても行かなくてもいいよ
やってもやらなくてもいいよ
してもしなくてもいいよ
結局、どっちでもいい

自分が選択したことは意味があって、そこから何かは必ず得られたり学べたりするので、**結局どっちでもいい**のです。

「そんなこと言っていたら、誰かに迷惑がかかるんじゃないですか?」という声も聞こえてきそうですが、迷惑をかけたと思う人はそこから学べばいいのです。嫌だと思ったらその人から離れればいいですし、逆に離れられたらそれまでだと思えばいいですし……。

そして、自分がいなければ会社が回らないとか、家庭が機能しない、という考えは、キツい言い方かもしれませんが、おごりです。あなたがいなくても会社はつぶれませんし、あなたが数日休んでも家族は自分で何とかできるのです。

ある人に「ワタナベさん、ずっと本の執筆をしていたり、クライアントさんをたくさん抱えてて、逃げたくなったりしませんか？」と質問されたことがありますが、もしつらくなったら、私は、明日からでもすべてやめることができる、と思っています。時々つらくなることがあるとしても、逃げ道はいくらでもある、と思っていますので、苦しさはすぐになくなります。

無責任ととられるかもしれませんが、自分を一番大切にしていないと、人にもエネルギーを与えられません。そして、もし私がそのような選択をしたとしても、私の身の回りには、「ワタナベさんって無責任ね！」という人がいません。皆、目の前にあることを学びと考え、どう対応していったらいいかを知っていて、思いやりがあり愛情深い人ばかりです。なぜでしょうか？　それは私が正直な素の自分を出しているので、同じ感覚の人ばかりが集まっているからです。

しかし、もし、そんな嫌気がさして離れていく人がいたら、それもまた、しょうがないことなのです。悲しくありませんし、悪いことをしたなと自分を責めることもありません。それがこの項目で一番伝えたい、シンプルかつニュートラルな思考、ということ。

物事を複雑にしているのは、他でもない、自分自身なのです。もっとシンプルに！　もっとニュートラルに！　それは楽に生きる秘訣でもあるのです。

Point

- **「やらなくてはならないこと」など存在しない。すべては「自分がやりたくてやっていること」。**

すべてがうまくいく法則「手放すと入る」

本書は私の33冊目の著書です。2013年から執筆を始め、その年から毎年、その先3年分の出版が決まっている状態です。2017年からは出版のペースを落とそうと思い、ブログで公表したことがありました。つまり、出版を手放し、別のことをしようと思ったのです。

するとどうでしょうか？　ほんの3週間で4社から出版のオファーがありました。たった3週間のことなので、割合にしたら過去最高です。予想通りですが、これも法則。

手放すと、入ってくる

これはシンプル、かつ当たり前と言っても過言ではないくらい自然の法則なのです。そう。『出すと入る』は完全に法則です。それはまるで数式のような法則なのです。お金も同じく、入って来ることばかり望んでも入ってこない。回す、出す、使うこと。すると入ってくる。

誰が言ったかわかりませんが、「金は天下の回りもの」は真実です。ビジネスに関しても同じです。儲けようとか、得ようとばかり考えると儲かりません。出すのです、価値を。自己投資の意味でのお金を。価値を与えればお金は入ります。これも法則です。出すから入るのです。

人間は失うことを恐れています。いや、恐れ過ぎています。

配偶者を失うこと、お金を失うこと、立場を失うこと、健康を失うこと、若さを失うこと……失う怖さを持っている方は多いと思います。しかし、法則は、『**失ったら、何かを得られる**』のです。空いたスペースには、何かが埋まることになっているのです。それはお金でも、物質でも、人間関係でも同じです。

得るためには、失ったものに執着しないことが条件ですが、アンテナを張っていますと、すぐにわかります。失っても、それ以上のものを私たちは得ているのだと。例えば……。

ある人は病気をしてしまい健康を失いました。病気自体はありがたくない出来事かもしれません。しかし、もしかしたら、家族の絆や、健康でいるための方法や決意を得たかもしれません。健康のありがたみ、という感覚も得ました。

ある人は職を失いました。それによって、働けることのありがたみがわかったかもしれません。今、できるスキルを使って本気で起業し、その後、思いもよらないような成功を手に入れるかもしれません。

夫が自分の元から去り、離婚することになった人がいます。しかし、その後に素晴らしい出会いがあり、理想の人との結婚という結果を得られるかもしれません。そして、配偶者を大切にする、感謝の気持ちが夫婦においてはとても大切であることを知りました。

不妊治療をしている人がそれを手放したとします。子どもは得られなかったかもしれませんが、それで夫婦の固い絆を得ることができ、残りの人生を夫婦二人で非常に仲良く暮らせる。そして、子どもにかかるお金を自分たちの楽しみごとのために使える、という別のよいことも得たかもしれません。または、不妊治療を手放した途端、赤ちゃんに恵まれるということも、とても多いのです。

そして多くの女性が失うことを恐れている「若さ」。それを失ったとしても、経験値が上がり知恵を得ます。このように失ったら必ず何かを得ることになるのです。

あなたも、あの苦難があったから今がある、という経験があるのではないでしょうか？　ということは、今、何かを失いそうな人、何かを失った人は、また何かを得られるのです。

私事ですが、コーチングを始めたばかりの頃は、スキルを磨こうとして、とにかく多くの人々をコーチングしてがんばりました。週4日の稼働で毎週30名、一ヶ月120セッションをしていたのです。

数が質を超える瞬間もある、と教えられていましたので、それを続けました。しかしその後、コーチングのセッションを数多く行う、ということを手放しました。コーチングの募集もやめました。募集をやめてから4年以上が経ちますが、申し込みは途絶えたことがありません。しかし、その空いたスペースにはすぐに違う仕事が入ってくることになったのです。それが、本を書く、という仕事です。

このように、誰でも手放したあとは次なるものが入ってくるのです。

何かがうまくいかない、空回りしている、思う通りにいかない時に、私から一つだけ質問です。

「あなたが今、手放すものがあるとしたらそれは何ですか？」

何かを手放し、何かを失ったら、天からのギフトがあります。今は、それが何かをわからなくても、**執着なく手放せた途端、何かが回り始めます。**何かにしがみついている状態は、まるでカオスです。カオスとは『混沌』という意味ですが、もっとわかりやすく言えば、『訳がわかんないぐちゃぐちゃな状態』とでも言いましょうか？　そういう時は、執着心を持って手に何かを握り締めているのです。

ぜひそれを手放してみてください。簡単に言うと、それをいい意味であきらめてみてください。思わぬギフトがあなたに舞い込んでくることでしょう。時間差でやってくることが多いので、気長に、むしろそのことを忘れるぐらいの気持ちで前を向いて進んでみましょうね。

Point

- **うまくいかない時は、思い切って手放してみる。**
- **失うことを恐れず、執着しない。**

Chapter

2

ブレない自分をつくる思考と行動のシンプル習慣

うまくいかないときは、一度力を抜く

私たちは、人生の中で何度か大きな試練や困難、逆境に直面することがあります。その際、物事を非常に複雑に考えてしまいますと、その試練や困難は事実よりも何倍も何十倍も大きな問題に見えてきて、押しつぶされてしまいそうな気持ちになります。

そうです。**試練をより大きな試練にしているのは、ただ単に自分の考え方や物の見方なのです。**では、どのようにしたら、冷静に問題に向き合い、より一層シンプルに試練を乗り越えることができるでしょうか。

まずは、**事実のみを見る**、ということです。余計な考え方を捨てます。私たちは起きた試練に対して、後悔の気持ちを抱き続けたり、「どうしてこうなったのだろう？」と必要以上に原因を探ったり、または起きてもいない未来のことに関して、「こうなったらどうしよう」「ああなったらどうしよう」と問題をどんどん膨らませていないでしょうか？ それが起きてしまった問題を複雑化しているのです。そのような時こそシンプルに受け止めてみることです。

私たちは、『転換点となる時』、というものに人生の中で幾度か直面します。その転換点というのは、とんでもなく大変な場合が多いのですが、多くの成功者と言われている人たちの転換点もやはり、これより下がることができないほど『ドン底』だった、という方が多いのです。

しかし、そこは分かれ目でもあります。それを利用して、成功を手に入れる人もいれば、その転換点となるドン底に差しかかった時に、被害者意識を持ったり、悲劇のヒロインになったり、自分をも傷つけてしまう人もいます。恨みやつらみを根深く持ちますと、それはまるで出口の見えないトンネルに入ったかのような状態です。もしくは、海でおぼれて、力いっぱいもがいてもがいて死にそうな状態……とでも言いましょうか。そうなりますと、その状態が非常に長く感じます。

では、どうしようもないくらい大きな問題に直面した時、もう、自分では解決方法も何もなく、やるだけやったし、どうしたらいいか乗り越える方法論もない！という場合、どうすれば早くその状態から抜け出すことができるでしょうか？

「なるようになる！」と何度も言ってみるのです。この言葉は非常に気持ちが楽になります。心を込めて言ってみてください。確かに、なるようにしかなりません。この「なるようになる」というのをもう少し詳しく説明してみましょう。それは、いい意味での放置プレイです。

もう、別にどうなってもいいや……
あきらめた。まな板の鯉状態
天に問題を放り投げる
どうにでもなれ！の精神

まあ、死にゃあしない！

もし問題の解決方法がありそうなら、たくさん方法論を考えたらいいでしょうし、もし解決策が見つかった場合は、その方法をやってみたらいいでしょう。

しかし自分の力では、考えても解決方法を探しても、何も術《すべ》がないくらい問題が大きな時は、**『力を抜く』**、**別の言い方をすれば、いい意味で『あきらめてしまう』**ということ。これは非常にシンプルなやり方です。

それにより、執着が抜けます。問題にフォーカスしている時というのは、どうしても力が入ってしまいます。解決しよう解決しよう、とばかり考えてしまい、思考がガチガチに視点も低くなります。しかし、執着が抜けた時に、問題だったことは好転し始めます。

トンネルから早く出たい出たい、と気持ちばかりが焦りますと、先の光が見えないだけで、過呼吸のような状態になりますし、海でおぼれてしまった状態で、力いっぱい手足をバタバタと動かしていたら、力尽きてしまうのです。しかし、波に身を任せ、力を抜いた途端、岸辺に流されていて、助かるわけです。
もし、今、大きな問題に直面している人がいらっしゃったら、どうぞ力を抜いて問題を天に放り投げてみてください。信じられないような結果になることでしょう。自然の法則はそういうものなのです。

例えば、失恋、離婚、死別、はたまた借金、経済的困難……もう、どうしようもないくらいしんどいことが身に起き、今まであったものがなくなったり、いなくなったりしたとします。悲しむだけ悲しんだら、先のことを考えてみてほしいのです（ただし、感情を抑え込むのはいけません）。

私たちは生まれた時から誰かと一緒に生活していますが、しかし、一人で生まれて一人で死ぬのです。過去に存在した賢人が、財産も子どもたちも失くしてしまい、無一文状態になった時こう言いました。

「裸で生まれたのだから、裸で帰ろう」

その後賢人は、この言葉のように、財産や過去の栄光に執着せず力を抜いて生きた時、以前のように裕福な暮らしと、別の子どもたちが生まれる、というよい状態を引き寄せました。「力を抜く」とはまさにそのような状態のことです。

ということで、自分では何ともならない大きな問題は、神様にお願いしてしまいましょう。「もう、私には無理です。お願いいたします」と、神様への丸投げです。それはあれこれと考え過ぎて、問題をもっと複雑にしたり、それ以上大きな問題にしなくて済む、とてもシンプルな方法です。

Point

- **「なるようになる！」と考えてみる。**
- **あきらめることは、問題がシンプルになることと心得る。**

過去の縛りから自分を解放する方法

私がやっているコーチングでは、目標を達成する場合も、問題を解決する場合も、「どうなっていたいのか？」などの、理想の状態に目を向けます。つまり、視点はほとんどの場合、未来にあるのです。どんな問題があったとしても、「なぜそうなってしまったのか？」「何が原因でこんなことになってしまったのか？」などの原因探しに多大な時間を費やすことはありません。

よく「こんな自分になったのは親のせいだ」とか「友達に言われたキツイ一言がトラウマになってしまった。だからこんな自分になってしまった」と、過去にとらわれていて、前に進むことができなかったり、うまく物事が回らない、とおっしゃる方がいます。セルフイメージが低いのです。

「前向き」と「後ろ向き」という言葉があるように、これは、前である『今と未来』に視点があるか？　それとも、常に過去の自分が今を作っていると思い、『過去』に視点があるか？　の違いです。過去を向いている限り、前には進めません。

最先端の科学で言えば、時間の流れは幻想です。過去から現在、そして未来にいく、と一般的に思われているかもしれませんが、そうではありません。

過去が今の自分を作っているのではなく
今の状態が過去を作っているのです

どういうことかと言いますと、よく考えてみてほしいのですが、1分後、あなたは、もうすでに過去になった、ということです。そして、今この瞬間も次々に過去になっているのです。つまり、この理論から言えば、現在から過去に時間は流れている、ということになります。ということは、未来から現在に時間が流れている、と言ってもおかしくないわけです。

運命論を掲げたいわけではありませんが、実はもう今の時点で未来はほぼ決まっているようなものです。今の状態のままいけば、別に占い師でなくても、「あなたこのままじゃ、いずれこんな風になるよ?」くらいは予測がつくものです。

もし、ひどい生活習慣で、お酒を浴びるように飲んで、甘いものをたくさん食べて、運動をまったくしなければ、医者ではなくても、もう大体の未来はわかっているようなもの。

では、どうしたらいいのか? というと、今この瞬間に自分で、未来を「こうなる!」と決めてしまうことなのです。そうすると、何が起きると思いますか?

そう。現在がもう変わるのです。**そして、現在が変われば、おのずと過去も変わるのです。**いったん自分の未来を設定して、それがイメージできた時には、その瞬間から脳はそこに行きたがるのです。そして、実際にその時から変わるあなたがいるのです。未来に続く道を、こうなる！ と決めることが、あなたの今の生き方を変えることになるのです。

今、未来を設定すれば、その設定した未来から時間が流れてくるかのように、今を作ることができるわけです。

簡単に言えば、「人生、逆算しちゃおうよ」ということ。コーチングの手法ではそれをよくやります。将来に関してはビジュアライゼーション（映像でイメージ化）して、そこから、少しずつ現在に戻って計画していきます。それを設定して、ワクワクした瞬間、そのワクワクは将来に起こりうるものとなります。

ですから、「過去にこんなつらいことがあって、こんなひどいことされて、あんな家庭環境だから、ああいうことがあって、こういうこともあって、今、私は超しんどくて、だから今の私はこんなんで……」というのは、もう全部忘れていいのです。

ちなみに、過去の記憶は全部、あなたの作ったウソのストーリーに過ぎないんですよ、と言ったら驚きますか？　記憶は全部妄想です。ウソの記憶なのです。そのことを、脳の仕組みから少し説明しますね。

私たちが情報を記憶する時、脳内で何をやっているかというと、自分のフィルターを通して見たいものだけ、取り入れたいところだけ取り入れているのに加え、その入ってくる情報を、自分の都合のいいように、受け取りたいように歪曲《わいきょく》しています。自分が受け入れやすいように調理している感じですね。

さらに、事実を適当に、自分風に省略もしています。なぜなら、全部の情報を受け入れるのは無理ですし、人は自分の理解したいようにしか理解しないものだからです。

もっと言えば、自分の過去の経験である種のパターンみたいなものを持っていて、そのパターンに上手に当てはめる、つまり、自分の常識（思い込みと言ってもいいかも）に当てはめて記憶しているのです。

脳ってすごいですね。それを瞬時にやってのけているのですから。そして時が経って、その自分の作り上げたストーリーを、映画を見るかのように感情を乗せて何度も再生しているうちに、まるで、今経験しているかのような現実的な物語の一丁上がり！

これだけのことを無意識レベルでやっているのですから、その記憶はほとんど事実とはかけ離れた妄想でしかないのです。ですから、自分の過去の経験の記憶でさえ、あなたが作った創作物であり、そこに真実はありません。もっと言えば、

過去なんてどうでもいい
だって曖昧過ぎるものだから

そのことを示すおもしろい例をあげましょう。私の友達の経験です。友達はアンパンを食べるたびに、ある出来事を思い出すそうです。

6、7歳の頃、彼女がアンパンを食べようとしたら、母親がそのアンパンを急に取り上げておいしそうに食べていた、という記憶だったそうです。その記憶を

思い出すたびに、お母さんはすごく食いしん坊で自分勝手な人、というイメージを30歳くらいまで抱き、信じていたようです。

大人になってからそのことを母親に話したら、母親は、「はぁ～っ⁉ 何言ってるの？ あの時、小さかったあなたが、アンパンでのどを詰まらせたから、急いでそのアンパンを取り上げて、私は、あなたの背中をさすったりしていたのよ！ 横でアンパンを食べてたのは、弟でしょ！（怒）」

人の記憶とは、こんな感じなのです。いつの間にか、自分でストーリーを省略したり、デフォルメしたり、記憶の改ざんをしているのです。ですから、過去なんてどうでもいい、というのは、本当にその通りなのです。悪い経験は、いい経験にストーリーを作り直すこともできれば、いい経験を、よりいい経験に改ざんすることだってできるのです。

さあ、過去は適当に自分の都合のいいように、イメージの中でいいストーリーと、ポジティブな教訓を作って、それを思い込んでみてください。

あなたは今、どんな未来を設定したいでしょうか?「こうなりたいな〜」「こうなれたらいいんだけど……」ではなく、設定の仕方は、「私の未来はこうなる!」です。もしくは厚かましいくらいがちょうどいい。「こうなった!」とあたかもなったかのように、その状態にどっぷり浸かって楽しんでみてください。そう心から思えた時に、行動もできるようになります。

これから訪れる素晴らしい未来に、過去のつらいストーリーは関係ないのです。前を向いて歩んで行きましょうね。

Point

- 過去の記憶は、脳が作りかえた創作物。とらわれるのはやめる。
- 「私の未来はこうなる!」と、人生を逆算して考える。

得たいものは一つだけにフォーカスする

人には向上心があるゆえに、「もっと素敵な自分になりたい！」とか、「できる女になりたい」などのように、いい方向に変化したいという意識があるものです。この本を手にしていらっしゃる方も、自分の生活をもっともっと快適にしたい、という気持ちがあるから読まれていることでしょう。このような前向きな目標は人を輝かせますね。

しかし実は、頭では変わりたいと願っていても、人は変わろうとすると、無意識ではそれに抵抗しています。慣れた自分、慣れた環境、変わらない今の自分が無意識では好きなのです。

変わりたい、と願っている部分は大抵の場合、自分の嫌だな～……、と思うところでしょう。その嫌な自分を変えたいということにフォーカスすることで、何が起こると思いますか？

それは『自分の嫌だな～、と思う点』にフォーカスしていることになり、結局その部分がもっともっと自分の中で大きくなるような感覚に襲われていくことになります。それはあたかも、その嫌な部分を拡大鏡で見ているようなものです。

それよりも、「ここは変わりたくない自分のいいところ」という部分、あなたが自分でＯＫを出している部分にフォーカスすることは、もっともっと向上につながるものです。なぜでしょう？

人は否定的な部分よりも肯定的な部分のほうが伸びやすい、という傾向があるからです。ですから、変わりたい！ここが嫌！という部分はもう、そのままにしておいて、それよりも肯定的な部分で否定的なところをカバーしてしまいましょう。

自分の中に持つ否定的な部分は、あなたの全体の中の一部であり、その部分は裏を返せば、肯定的な部分と同じなのです。

例えばですが、あなたの短所が大雑把なところだとします。しかし裏を返せば、おおらかなのです。飽きっぽいという短所があっても、裏を返せば、好奇心旺盛なのです。否定的な部分は肯定的な部分と一つです。ですから、どうぞ、自分の好きなところを伸ばしてあげてください。そこをもっともっと見つめてあげてください。自然の法則はこうです。

注目した部分が大きくなっていく

その法則に従って、自分のいい点に注目していきますと、否定的な部分がどんどん小さくなっていく感覚を経験できることでしょう。

話は変わりますが、私が大切にしていることの一つとして、「変わらないでいること」というのがあります。何歳になっても変わらず、純粋な思いと子ども心を持ったまま年を重ねていきたいという願いがあります。変わりたい、という前に、変わりたくないものは何か？　そこもまた、あなたにとって大切な部分なのです。

例えば、何か夢を叶える時もそうです。色々やってみたいことがあった場合でも、まずは一つに絞り、そこに情熱とエネルギーを注いだほうがその部分が現実化していきます。シングルタスク（一度に一つずつこなすこと）は、まさに、シンプルに一つだけにフォーカスするので、そこの部分のエネルギーが増大していくのです。

もっと身近なことでも同じ法則です。

例えば、みなさんは一日のＴｏ　Ｄｏリストというのを作ったことがありますか？　たくさん書いても案外どれも中途半端になってしまい、できないものです。

それが例えば、押し入れの掃除とか物置の片付けのような、何年も放置していたようなことであればなおのことそうです。

その場合も、たった一つに絞るのです。押し入れの掃除、特に今日は右側の棚の中だけ、というように。そこだけにフォーカスして、小さく分割していけば、助走がついて、もっとやりたくなる可能性も高まります。その件については、4章でもっと詳しく述べますね。

この注目した部分が大きくなる、という法則はぜひ、覚えておきましょう。欲しいもの、得たい状態、手にしたいもの、それらにシンプルにフォーカスするだけで、スイスイ楽々と物事が運んでいくことでしょう。

Point

- 自分の「長所」に注目する。
- 叶えたい夢は、まず一つに絞る。

悩まない！シンプルに自分の「心の声」を聞く

ある女性から次のような相談を受けました。その女性は、習い事に行って友達になった女性と子どもの年齢が同じだったことや、境遇やご主人の仕事が似ていたことなどで、大変親しくなったそうです。価値観も似ているし、何でも相談できる親友のような存在になっていたのです。

ところが、その友達の御主人が転職して、お給料もすごくよくなって、一軒家を建てました。招待されて家に行ってからというもの、その家の何もかもが素敵に見えて、そしてその後、友達の生活振りも何となく派手に見えてくるようになり、あんなに仲が良かったのに、友達と一緒にいると居心地が悪くなっていったというのです。その女性は、自分の感情が妬みであることがわかっていたので、自分の心の狭さを否定し、苦しんでいました。

その女性は私に、「その人といると心が荒んでいくので会いたくないのよね……。どうしたらいいと思う？」と相談されました。その女性の質問の中に答えはありました。「会いたくないのよね」と。「今、会いたくないって言っていたけど、だったら、会わなければよいのでは？」と答えました。その女性は「え？それでいいの？」と。いいも悪いも、会いたくなければ会わなければいいのです。無理して会って、毎回会うたびに嫌な感情が湧き起こるのは、精神衛生上よくないのです。会いたくないのに無理して会ってヘラヘラ笑っているなんて、相手にも失礼です。シンプルに考えたらとても簡単なこと。

大抵の人はそうしたことで悩む場合、「それは正しいことなのか？」「やってもいいのか？」「その決定は無理だ」という前提のまま、言葉を換えて言えば、そのの自己流フィルターをかけたまま悩みます。その思考は自分の本当の気持ちをかき消し、複雑にします。**シンプルに自分の感情はどうしたいのか？を考えれば、**

おのずと答えが出てくるものなのです。

例えば私がそこで、「そんな妬みの気持ちはよくないよ。いいことないし、もっと前向きに生きようよ！」なんて言ったところで、それはただの正論。その人にとっては、自己否定されたかのような感覚になります。

確かに妬みの気持ちは、いいことありませんし、そんなことで苦しんで、悶々としているのは、短い人生、損しているとも言えるかもしれません。しかし、そこから学べることもたくさんあるのです。

「人生、嫌なことから逃げて生きていていいの？」と言う人もいますが、逃げるわけではなく、嫌な感情をちゃんと感じて、自分で対処できる能力を身に付けていかなければならないのです。それは大切な経験となります。

その女性は「そっか。会いたくなければ会わなきゃいいのか。それでいいのか」と、たったそれだけで、スッキリしたようです。その後、二人はしばらく、交友を持たなかったようですが、随分経ってから、また仲良くなったそうです。

家を建てた後、その友達は苦労が多かったそうです。ご主人が、給料が上がったのをいいことに、散財するようになったり、浮気が発覚したりと、色々とご苦労があったとのこと。外側の良さそうなところだけを見ても、内側の苦労や苦しみ、つらさって見えないですものね。

さて、あなたも、直したいと思う、嫌な性格や感情、特質などお持ちですか？私はたくさんあり過ぎて、注目すると心が折れそうになるので、全部丸ごと受け入れていいます。そうしますと、何とそれらはどんどん小さくなっていくのです。ま、どうでも良くなる、というのにも似ていますが。

こんな自分でも、一生付き合っていく自分！……と思えてくるのです。

「よくないところは直さなければ。こんな考えを捨てたい、こんな感情はいけない！」と強く思えば思うほど、私たちはその感情に縛られていくのです。そう、それはまるで呪縛です。

自分の嫌なところはまず、受け入れてみる。「人間臭くていいな〜」と思うようにしてみましょう。私自身、自分の中に嫌な感情を見つけた時に、必ず「人間臭くていいな～」と思うようになりました。人は案外、完璧主義な人に魅力を感じないのです。

さて、最初に登場した女性のように、どうしたらいいか悩むこと、あると思います。しかし、そんな時にシンプルに答えを出すには、自分の『心の声』はどう言っているか？ 自分の感情はどんな風なのか？ に注目しますと、すぐに答えが出ます。

自問してください。「私は、実のところ、どうしたいか？ 私の感情は何を言っているのか？」と。**そこではいいも悪いもジャッジすることなく、シンプルに受け入れてみましょう。**非常に楽に人生を歩めるようになります。

Point

- **嫌な自分を受け入れると、嫌な部分が小さくなる。**
- **自分の心の声に注目すると、答えはすぐに出る。**

ダラダラ続けている習慣を断つ！

「ああ〜、もうダラダラとスマホでSNSを見るのをやめたい〜」「ベッドの中でスマホを見るのをやめたい」とおっしゃる方に、最近多くお会いします。昔はテレビ中毒なんて言葉がありましたが、現代は、手元にパソコンを持っているようなものですから、昔のテレビ中毒よりも深刻です。

このように、生活を複雑にしているものの中に、やらなくてもいい無駄なもの、無駄な時間、というものがあります。私のコーチングセッションでは、タイムマネジメントをセッションテーマにされる方も多いのですが、人生は、時間の積み重ねであることを考えますと、時間を上手に使えている人は、人生を自分の思い通りにコントロールできる人でもあります。さてあなたは、やめたくてもなかなかやめられないダラダラな時間はありますか？

やりたいことや夢、目標にフォーカスして生きようとした時、それらがサクサク進んでいくためには、最初に生活習慣の整理整頓をしたほうがもっともっと物事がうまくいきます。

簡単に言うと、やめたいこと、やりたくないこと、無駄なことをやめてみる、ということ。そう！

人生の無駄なこと、全部捨ててみましょう。

意外に私たちは、自分でも無駄な時間だな〜、とか、嫌な時間だな〜、と思っていることにエネルギーと時間とお金を注ぎ込んでいることが多いのです。自分で無駄だ、とわかっているのに。例えば、こんなこと。

●食べたいわけでもなく、ただ惰性で食べている間食
●ダラダラと見るネットやテレビ

●楽しくもないし、好きでもない人と過ごす時間
●時間つぶしのためのウインドーショッピング
●解決策のない問題をあれこれ考えること
●将来をあれこれ不安に思う時間

さて、何か身に覚えがありますか？　もし、こうしたことに費やすお金と時間と労力を、自分の身体を休めたり、エネルギー補充のために遊ぶこと、趣味、そして自分が元気になるためのものだけにシンプルに絞れたら、どれだけパフォーマンスが上がっていくでしょうか。

こうした事柄には、管理能力が関わってきますが、いたってシンプルなこと。やりたいこととやりたくないこと、やめることが明確になっていればいいだけですから。

そして、その無駄だと思っているやめたいことを、やめられた時のメリットを

たくさん書き出してみてください。メリットです。そして、もし変えずにやり続けた時に被るであろうデメリットもセットで書き出してみるのです。

私自身も年に一回ほど振り返りの作業をします。無駄なことをやっていないかどうかを知るために。以前は、たくさんあったのです。10年くらい前は、すごく無駄ばかりでした。特に、掲示板への書き込みが好きで、ずっと張り付いて書き込みしていましたし、ゲームを一日4~6時間位していたこともありました。

それらの時間を読書とか運動にあてていたら、もっともっと建設的だったでしょうに……。あんなにダラダラだった、また意志の力が弱い私でも、今はほとんど無駄のない生活が習慣化しました。

人は習慣に支配されています。よい習慣はよい人生を作りますので、やりたいことをやる前に、整理してみるのはおすすめです。

さて、習慣を直すのにいろんな方法がありますが、脳の認知機能を使った転換術をお伝えいたします。

明日の予定を立てたとします。その時に、明日遂行したい予定（理想の習慣の方）を映像でイメージするのです。

例えば、あるOLさんのいつもの習慣は、仕事から帰ると、テレビをつけ、ソファに座ってしまったら最後、もう動けなくなり、寝るまでの時間ダラダラと何もしないで、お風呂にも入らず寝てしまい、次の日の朝、バタバタとシャワーを浴びて朝食抜きで出勤するというもの。この日常のルーチンから抜け出したいと思ったとします。

彼女の理想はこうでした。家に帰ったら、軽く夕食をとり、その後、30分位メールチェックやネット、そして、お風呂にのんびり浸かり、お風呂上がりに、ハーブティーを飲みながら30分ほど読書をし、ストレッチをして12時に就寝する。

その一部始終の流れを、映像で脳内にイメージするのです。理想の行動が全部できている自分をです。スポーツ選手は試合に臨む前にも、最高のパフォーマンスで活躍している自分をイメージしますが、これは日常生活にも使えるのです。

つまり、一回、**脳内で行動できている自分を予習しているので、その通りに動きたくなる、**というわけです。どうぞ試してみてください。一日の中で何度かイメージできたらもっと効果が上がります。

固定化された習慣を断つのは、そんなに難しいことではありません。もちろん、「難しいです」と思い込んでいる人にとっては、例外なく難しいのですが、まずは、その「難しい」という思い込みを取り除いてから、チャレンジしてみてください。

シンプルに、したいことと価値あることだけをやれたら、どんなに素晴らしい人生になることでしょう。やめたいことをやめて、やりたいことをやるだけで、あなたの人生はもっともっと輝いていくのです。

Point

- **人生は時間の積み重ね。無駄を捨てると人生が輝く。**
- **理想の生活を繰り返し脳内でイメージしてみる。**

幸せになるために条件はいらない

「幸せになりたい！」と思う女性はたくさんいます。もし、これをお読みの方にもそういう願いがあるならば、一つアドバイスがあります。びっくりされるかもしれませんが、**幸せになりたいと本当に思うなら、「幸せになりたい」などとは、願わないでください。**

多くの人々は、幸せになるために、条件を付けています。それらがないと幸せにはなれない、と思い込んでいる人々がいるのです。

しかし、実は幸せになるのに、条件などいらないのです。どんな環境でもどんな状況でも幸せになることはできます。厳密に言えば、実は今この時点であなたはもうすでに幸せなのです。いや、幸せに気付くことができる、と言ったほうが正確です。多くの人々は、幸せには次のようなものが必要だと思っています。

彼氏がいるから幸せ
お金があるから幸せ
結婚しているから幸せ
子どもがいるから幸せ
健康だから幸せ
持ち家があるから幸せ

しかし、はっきり申し上げますが、それは全部幻想です。彼氏がいても、お金があっても、結婚していても、子どもがいても、健康であっても、持ち家があっても、自分が幸せだと思わない限り、幸せではありません。そして、すべてを持っているように見える人でも不幸せな人はたくさんいます。

逆に、彼氏がいなくても、お金がなくても、結婚していなくても、子どもがいなくても、健康じゃなくても、持ち家なんてなくても、幸せな人はたくさんいます。一体、なぜこのような違いが出てくるのでしょうか？

それは、**もともと私たちは幸せな存在である、ということに気付いている人と気付いていない人との違いだけなのです。**人は、幸せに「なれる」のではなく、もうすでに幸せなのです。

きっとこれをお読みの方には、「借金があっても、彼氏に振られても、一人ぼっちでも、それでも幸せと言えるんですか！」と言われそうですが、たとえ本当にそうであっても、別の幸せをあなたは持っているのです。不幸と欠乏に目を向けている限り、ずっと不幸ですし、今あるものに目を留めてそこに幸せを感じている人は、悪条件の中にあっても幸せなのです。そして、幸せだと思えば思うほど、もっともっと幸せを引き寄せます。

しかも、もし、条件を付けて幸せだ、と思っていた場合、その自分が満たされているものがなくなった時に、その幸せは一体どうなるのでしょうか？自分の幸せ、または人生そのものも、まるで一気に崩壊してしまうような気になることでしょう。

伝統的なマサイ族のような、何も持たない人たちの幸福度が高いという統計は、それを表わしています。何も持っていなくても、見方一つで幸せだ、ということです。大切な点なので今一度言います。

あなたは幸せになれるのではなく、もともと幸せな存在なのです。

先ほども述べましたように、注目したことはもっともっと大きくなるのです。であるならば、今自分の持つ小さな幸せに注目してみてください。それらはもっともっとあなたの中で大きな存在になっていくことでしょう。

逆に、「幸せになりたいな〜」といつも思っている人は、幸せになるために必要だと思い込んでいる条件に注目していて、自分にはそれがない！と無意識に思っています。ないと思えば思うほど、不足感と欠乏感でいっぱいになり、まるで自分は何も持っていないようにも見えますし、隣の芝生がとても青く感じてしまうのです。

他の人の環境が何もかも自分と違って、素敵に見えてしまう魔法にかかったままです。自分の中にある不足部分を見ている限り、その悪い魔法は永遠に解けません。

幸せそのものを複雑化しています。シンプルに考えてみましょう。考え方はこうです。

幸せになりたいなら、自分が今持っている幸せに注目しましょう

たった、それだけです。

これが複雑な考え方になりますと、幸せになりたいのに、考えれば気分が滅入ることを人々は考えるのです。「これがあったら幸せなのにな～」「あれがなければ幸せなのにな～」などのように、自分の中にあるマイナスな気分にさせるものに注目しているのです。おかしいですよね。注目すればするほど、自分が不幸であることをインプットすることになるのに……。

人生の中で、とても大切にしているものを失う時があります。それは人だったり、物質的な物だったり、信頼だったり、富や地位や名誉かもしれません。自分が一人ぼっちになったかのような気分にさせられることにも、人生の中では何度か直面するかもしれません。

しかし、それでも！　まだまだ幸せの根拠はあるのです。自分の人生の中に、喜びや大切なものを見失わない力が必要なのです。

さて、今あなたが持っている小さな幸せでいいので、そこにもっともっと注目してみましょう。どんな小さなことでもいいのです。

勤めている会社が嫌でも、失業率が高い中にあって仕事があることに喜べないでしょうか？　夫に不平不満があったとしても、夫が働いてくれているおかげで生活できていることに喜べないでしょうか？　なかなか結婚相手が見つからず、このまま独身なのでは……、と不安がある状態でも、それでも独身ゆえの縛られない自由と自分だけで使えるお金があることは、幸せではないでしょうか？

もっともっと幸せのハードルを下げて探してみると、もう、自分が幸せだらけであることに気付かれることでしょう。

「私には○○がない」がよぎってしまったら、その後、「でも、○○はあるし、○○もある。ああ、やっぱり私は満たされている」と声に出して言ってみてください。それは、幸せになる魔法の言葉です。

Point

- すでに自分は幸せな存在なのだと自覚する。
- 今持っている幸せに注目してみる。

人生最高の嫌な経験は、あなたの「宝物」

過去の嫌な経験を思い出しては、その時の感情が襲いかかり、気持ちが沈んでしまうことはありますか？ 知らず知らずのうちに、その経験は自分にとっての「最悪」な出来事となり、そして思い出しては悲劇のヒロインになってしまうこともあります。

先程（40ページ）でも述べましたが、過去の記憶は自分で作ったストーリーでしたね。

「過去は変えられない」とよく言われていますが、ハッキリ申し上げます。**「過去はいくらでも変えられます！」。しかも、自分にとって貴重な体験として記憶することができるのです。**

コーチングセッションでは、人間関係の問題をテーマにすることがあります。心のモヤモヤをセッションで明確にしていきます。コーチングセッションで、悩みについて扱う時は、ただの「お悩み相談室」になるようなことはありません。

嫌な経験をしますと、大抵の場合は、「頭に来た！」「腹立たしかった」「ムカついた」「イライラした」などの、負の感情でその出来事を記憶してしまうため、思い出すたびに同じ感情を呼び起こしてしまいます。

ですから、セッションでは、まずは、その感情を吐き出して、心の浄化作業をします。よく、「身体に悪いから怒ってはだめ」とか「負の感情は悪いことを引き寄せるから忘れること」なんてアドバイスが書いてある本もありますが、その感情を味わう、という作業を怠ると、あとで心の圧力となり、それが重なると一気に噴き出てしまうことがあります。ですから、感情の吐き出し作業はとても大切です。

そして、その後に次のプロセスに進みます。必ずや、**そこからの教訓を引き出し、もし、未来に似たような出来事があった場合、次はどうするか？**という点まで扱います。この作業をするとどうなるでしょうか？

嫌だった経験が、ありがたい経験だった、と思えるようになるのです。特に、負の感情があふれ出した時こそ、それらの経験を、自分にとって貴重な「成功体験」として結びつけておくのです。そうです、嫌な経験をした時に、必ずこう自問してください。

「ここから学んだ教訓は？」

「嫌な経験からの教訓？」と最初はビックリされるかもしれませんが、確実に教訓や学んだことはあるのです。なぜなら、人間は大抵の場合、よくない出来事から学んでいて、それに対処する知恵がついて経験値が上がり、成長していくのですから。

そして、次の質問に答えてみてください。

「この経験値に値段を付けるとしたら？」

興味深いことに多くのクライアントが高値を付けます。ある方は20万円の価値があると答え、またある方は人生最大の嫌な経験、と最初は言っていたのに、100万円の価値ある経験として値段を付けられました。それくらい、貴重な体験であったことに気付いたのです。

『経験は宝』と言いますが、嫌な経験をまさに宝のような価値あるものに変えることができるのです。そうしますと、**不意に嫌な記憶がよみがえったとしても、それは「成功体験のひとつ」**になっているので、嫌な感情に無駄に支配されることはないのです。

そして、嫌な経験をプラスに換えるもう一つの方法は、自分が納得する意味付けをしてしまうことです。

失恋した。受験に失敗した。友人にひどいことを言われた……、などなど嫌な経験というのは私たちの中にたくさんあるものです。それらの経験を、自分にとってメリットになった部分、得られた益に焦点を当てて、記憶の引き出しに入れますと、その嫌だった事柄が、ストン！と納得できる経験に早変わりするのです。例えば、

・失恋した。非常に悲しい出来事という記憶は……
↓ 彼とはご縁がなかった。きっともっといい人がいるはず
・受験に失敗した。がっかりした失敗体験は……
↓ やるだけやった。忍耐力も得た。もっと自分にふさわしいところがある
・友人にひどいことを言われた。悲しい……
↓ 自分を見直すいい機会を与えてもらった。自分は人に優しくしよう！

こんな感じにいつも、どんな出来事もプラスで終わらせる、そして、過去の嫌な出来事を思い出したとしても、すべてプラスの書き換えをしていくと、自分の

過去の体験は嫌なことを含めて全部が、いい経験になってくるのです。

ということで、過去の嫌な出来事の書き換え作業を、ひとつひとつやっていきますと、それらの経験は自分にとってすべて必要な経験だったと思えるようになるものです。

私たちの行動力にリミット（限界）を設けてしまうのは、大抵の場合、過去の失敗体験からくるものですので、過去を全部、成功体験にしてしまいますと、今後何かを行う時に、大胆な行動がとれるようになりますよ。

結局、失敗というよりも、その方法では成功しなかった、という事実を得ただけですし、すべてがよい経験になります。その後に大きな行動ができるといいですね。

Point

- 過去の嫌な出来事は、すべて成功体験に書き換えられる。
- 納得する意味付けをしてプラスに転換する。

人生のムダをなくす、楽天思考のつくり方

楽天思考の特徴をズバリ言いますと、非常に「単純」。いつでも「単純」。もちろんいい意味です。単純とは、シンプルという意味。考え方がシンプルなので、悩むという経路がない分、非常に楽な生き方、楽な物事の捉え方ができます。あなたもそんな風になりたいと思いませんか？　神経質な人でも楽天思考になれるのです。

まず、楽天家の特徴は、問題が起きても「何とかなるさ、大丈夫」のマインド。そして、悪いことが起きた時「でも、それって考えようによってはプラスだよね？」と物事をプラスに捉えることができる。難しい問題に直面しても「大丈夫、大丈夫！」と根拠のない自信がある（笑）。そして本当に大丈夫になる。

楽天思考の人は、常にいい気分でいるので、波動もよく、プラスの引き寄せ力が強いのです。そして、問題を問題として見ない分、悩みの少ない生き方ができるのです。そんなシンプルな考え方ができたら、どんなに楽な人生になることでしょう！

この楽天思考は、もちろん持って生まれたものではありますが、後天的に培うことができるものでもあります。考えてみれば、生まれた時は、楽天思考だったのですから。後ろ向きな赤ちゃんや子どもなど存在しません。私たちは、もともと前向きで、夢を持ち、シンプルな考え方をしていた存在だったのです。

そう、実は、もともと私たちはポジティブで楽天家だったので、その時の自分に戻ればいいだけの話なのです。考え過ぎるクセがある場合でも大丈夫です。思考はただのクセですから。

実は、私は今でこそ深く考えない楽天思考になりましたが、本当はものすごく神経質なのです。もちろん、今でも仕事のある部分に関しては神経質な部分を発揮しますが、それ以外のことは、非常に楽天思考になりました。

神経質ですと、事実以上の事柄に想像をプラスして、問題をとても大きくしてしまいがちです。フォーカスしているのは常に、『不安』『恐れ』『心配』『過去のよくない出来事』です。

過去に起きたことでクヨクヨするケースは多いかもしれません。言ってしまったこと、やってしまったこと、やらないでしまったこと、失敗してしまったことで、ふさぎこんでがっかりする。

建設的に、次回はそうならないために、何ができるのか？という部分に注目して考えるならいいのですが、結果に関して胸を痛めているだけでは、何の益もありません。つまり、無駄な時間を過ごしていることになります。それをシンプルに省くのです。チベットのことわざで、

考えて答えの出ないことは悩むな
考えてすぐ答えの出ることは悩むな

というのがあるそうです。よく読んでみますとちょっと笑えるのですが、結局どっちにしろ『悩むな』ということです。これを適用すると、時間の無駄が省けます。

私は、何か失敗してしまった時も、いつも自分にこう言い聞かせています。

1分前も1秒前も、過去は過去
過ぎてしまった過去（事実）のために
悩む時間は無駄である

悩み始めた時に、この事柄を考えると、無駄な時間を費やさないで済みます。そんなかといって、ちょっとだけそのクヨクヨした感情に浸りたい人もいます。そんな時は、時間限定でクヨクヨしてみるのも手かもしれません。タイマーをかけて15分だけ思う存分クヨクヨしてみてください。そして、「ピピピピ……」という音は、思考の遮断に最適な音です。そうしたら、きっぱりやめてみるのです。このトレーニングは非常に効果があります。

そして、どんどんその悩む時間を短くしてみる。そのうちあなたもシンプルな楽天思考になっていくことでしょう。

悩むことが悪いことではありませんし、楽天的なことがすべていいわけでもありません。しかしながら、もし、自分が「悩み過ぎる」傾向があって、そこに苦しさが伴っているなら、ここは一つ、楽天思考になるトレーニングをしてみてください。そして、あなたの周りにいる楽天思考の人にインタビューして、彼らを真似てみてください。驚くような思考経路を教えてもらえることでしょう。

Point
- 楽天思考はプラスの波動を引き寄せる。
- 悩むなら、タイマー設定で15分だけと決める。

直感にそのまま従ってやってみる

あなたは何かやりたいことができた時に、すぐに行動に移すタイプですか？それとも誰かに相談して、その回答の結果でやるかやらないかを決定していますか？

夢や目標ができると、すごくワクワクします。実はそのワクワクは、あなたの内なるところからくる直感、潜在意識からのメッセージなのです。そして、そのメッセージは成功率が大変高いのです。

しかし、直感で閃いたことでも、誰かの意見で行動に移さないでしまい、大きな成功を逃している人も大変多いのです。

ここでお伝えしたいことは、とっても重要なこと。それは、**最初に感じたワク**

ワクや情熱は、あなたにとってのGOサイン。これが一番わかりやすい潜在意識からのメッセージです。

これは、誰でもキャッチしているはず。ビジネスの新しいアイディアであっても、習い事でも、旅行でも、この「ワクワク」があるなら、間違いなくGOサインなのです。

しかし多くの人々は、最初のワクワクを感じたとしても、その後左脳的に、理屈で考え、リスクや計算、損得勘定などで、そのワクワクを消滅させてしまうのです。つまりやれない理由を探す作業をしてしまいます。

私の場合はやりたい！と思ったことにワクワクが伴った時は、周りが全員反対したとしても断固として自分の判断を信じてすぐに行動します。なぜなら成功するということを潜在意識が知っているから。

どちらを選択したらいいか迷う時、または、やったらいいか、やめたらいいかわからなくなった時、どれが潜在意識からの答えかを知るコツは、それを知った時の感情。最初に感じた「ワクワク」が大きなポイントとなります。

夢や目標を叶いやすくする方法の一つとして、そのことを誰かに言ってみることを勧める人もいます。しかし、誰かに自分の夢や目標を語るのは、注意が必要です。なぜなら、圧倒的に、その夢をぶち壊す人のほうが多いから。特に安心・安定が好きな日本人は、何か他人と違ったことをしようとしている人を止めようとする人が多いのです。それは、親や、カウンセラーやコーチを名乗っている人たちの中にも大変多いのです。


私も経験があります。親のみならず、その種のプロと言われている人たちからも、自分のやりたいことを否定されたことが。今から10年も前の話です。私は、とあるセミナーで講師の方とのセッションの時に、自分のやりたいことを語るという機会がありました。その夢とは、まさに私が今、手にしていること、ライフスタイル、収入などでした。

しかし、講師はこう言いました。「あなた、何をやりたい人かわからない。無理だよ。それじゃあ失敗するよ」と。その講師はプロのコーチでした。コーチの口から出た「失敗するよ」との言葉に絶句したのを今でも覚えています。実は、このような話は珍しいことではありません。このコーチのみならず、これまで、多くの経験がある人から私の夢に対して「それは無理でしょー」「ワタナベさんは世間知らずだな」と言われました。

このように、私たちの身の回りには、あなたの夢や、やりたいことを否定する人はたくさんいるのです。しかも、あなたのためを思って言ってくれているからこそ、ちょっとだけそのアドバイスはやっかいだったりします。それはあなたが新しい世界へ一歩足を踏み出すのを止めようとする、抵抗勢力になります。

ですから、もし、何かやりたいことができたら、シンプルに考えてみてください。特に、最初に感じた感情、内なるところからくる声を大切にしてください。**それが直感の声であり、その声は大抵の場合、あなたの人生にとって、失敗・成功に関係なく、大きな学びとなるチャンスなのです。**

そして直感でやりたいことができた時は、まずは、それを話す相手を選んでく

ださい。あなたのやりたいことを心から応援してくれる相手に話してみてくださ
い。これが、家族だったら大丈夫か？　というとそうでもなく、家族が一番の反対者になる可能性も大なのです。「そんな戯言《たわごと》言って！」とか「現実を見なさい」と助言されるかもしれません。あなたを愛しているからこそ失敗してほしくない、という願いがあり、リスクを考えて強くアドバイスしたり、反対するのです。

しかし、シンプルに次の質問に答えてみてください。

誰のための人生ですか？

やりたいと思ったことを、誰かの反対でやめてしまうのですか？

いつ、あなたは自分のやりたいことを自分の意志でやるのですか？

ぜひ、いつも思考にも感情にもシンプルであってください。シンプルに感じてみてください。ワクワクの直感を感じたら、迷わずＧＯなのです。

Point

- **選択に迷ったら「ワクワク」するほうを選んでみる。**
- **自分の直感が一番正しい。思考や感情にシンプルであれ。**

20年後の自分から最高のアドバイスをもらう方法

コーチングの基本的な前提の中に、「答えは自分の中にある」というものがあります。どんな試練も問題も、どんな困難な状態で何をしたらいいかわからなくても、それらの答えは自分の中にあるのです。

コーチはクライアントの内側にあるその答えを引き出すプロです。人に依存的になると、どうしても、自分で考える、という面倒な作業をせずに、誰かに答えをすぐにもらいたくなるものです。占いがいつの時代も人気なのはそのためです。

あなたが今、何を迷っていて、そして今後どうなりたいのか？　占いよりも、あなたのことを知っている誰かよりも、もっともっとリアルで、もっともっとあなたのことをとても知っている〝あの人〟から、今のあなたへリアルなアドバイスがもらえます。

それは、「20年後のあなた」から、「今のあなた」へやってくる手紙からもらうことです。世の中の誰よりも、これまでのあなたの苦しみや絶望感を理解し、あなたのがんばりや、成果を知っているのです。あなたが誰にも言ってこなかったことですら、知っているのです。その20年後のあなたは、酸いも甘いも経験し、器も今よりとても大きくなっていて、今のあなたが憧れる、なりたい理想の人になっている自分なのです。

その20年後からの手紙は、あなたを厳しく叱咤激励することでしょう。「いつまでクヨクヨと悩んでいるの！ いい加減行動しなさい！」と言うかもしれません。しかし、その厳しい言葉の裏には、愛情があふれ、あなたを心から励まし、今の状態は変化していくから安心して動きなさい、という思いが隠されているのです。

さて、実際に書いてみましょう。紙とペンを用意してください。まず、今の悩み、問題点、変えたいと思う事柄や、夢、目標、やりたいことなどを書き出します。その後、イメージしてください。それらを全部乗り越えて、全部叶っている自分を……。今よりも20歳も年を取ったあなたは、以前やりたいと思っていた事柄全部を叶え、いや、その5倍以上の成果を手に入れています。そして20年の経験を経て、知恵をたくさん持っています。その状態をリアルにイメージして、なりきってください。

そして、そうなったあなたは、20年後のあなたの、メンター（賢明で信頼のおける助言者）なのです。**20年後の未来のメンターであるあなたは、今のあなたにどんな助言をするでしょうか？**その気持ちになって今の自分に手紙を書いてみてください。

親愛なる○○へ

37歳のお誕生日、おめでとう。まだ37歳のあなたがうらやましい。若くて、キレイで体力もあり、もしあなたが望めば何でもできるその環境、ありがたいね。

これまで、随分とつらいことに耐えてきたよね。母親との関係も悪かったけど、それでもあなたは耐えてきた。去年の離婚の時は、どうなることやらと心配したけど、本気で心配していたわけではないのよ。あなたなら乗り越えられることを私は知っていたから。そして、まだあなたには理解できないかもしれないけど、その離婚の経験は、今後多くの人々のために役立つことになるのよ。思いもよらない展開になるから楽しみにしていて。

今日は、せっかくだから言いたいことがあるの。厳しい内容だけど、世の中の人はあなたに厳しいことを言わないから、あえて書かせてもらうね。

もっと自分を信じなさい。もっと自分を愛しなさい。もっと自己中でいいのよ。誰の目を恐れて暮らしているの？　他人なんて結局他人で、言いたいことだけ言って、誰もあなたの人生に責任をとってくれないのよ？　たった一度の人生、何もしないで終わらせていいの？

あなたがやりたい、と思ったことは、全部やっていいのよ。全部よ。いい加減、動きなさい。くだらないプライドも捨てなさい。あなたはあなたでいいの。

キツイことばかり書いて、あなたが落ち込むのも知っているから、最後に元気になれることを書くわね。

実は、あなたは、今日のこの手紙を読んでから、人生がガラリと変わり動き出すの。そして、20年後、信じられないかもしれないけど、やりたいと思っていたこと全部を叶え、経済的にも豊かになる。

今あなたは、「私、このまま一生独身かも……」と将来の生活を不安に思っているけど、この手紙以降、キラキラと輝き出し、素敵な人に見つけてもらい、結婚して子どもも授かるのよ。あなたがお母さんになるなんて、信じられないでしょう？ その経験は、何にも増して素晴らしい経験になるよ。

だから、安心して進みなさい。自分を信じなさい。人の批判を恐れずにね。私は、ずっとあなたの味方だから。

もし今後、何か迷うことがあれば、いつでも私に手紙を書きなさい。あなたに返事を書くから。じゃあね。

20年後の○○より

いかがだったでしょう？ 誰よりもあなたのことを知っていて、誰よりも真実を言ってくれる、そんなメンターがあなたにはいます。この手紙の最後に、「もし今後、何か迷うことがあれば、いつでも私に手紙を書きなさい。あなたに返事を書くから」とありますが、あなたはいつでも、20年後の自分に悩みを相談し、具体的なアドバイスをもらうことができます。

この効果は絶大です。なぜなら、自分もまた、何でも叶えているメンターになりきっているので、いつの間にか、自分がそういう人になっている、つまり、**書けば書くほどセルフイメージを作っていることになる**からです。それをやり続けていますと、20年後どころか、もうすでに今、メンターのような知恵と経験豊かな人になることができるのです。

未来からやって来るその手紙は、厳しいながらも温かくて涙が流れることもあります。ぜひ、やってみてくださいね。

Point

- 「未来からやってくる手紙」でセルフイメージを作る。
- 最高のアドバイスは、自分の中にある。

Chapter 3

「ありのままの自分」でうまくいく人間関係のシンプルなコツ

「私は私」「人は人」とわかれば楽になる

人の悩みの9割は人間関係に起因する、と言われています。人間関係でイライラしたりする理由の多くは、〝自分の思い通りにいかない〟という点です。人はどこかで、自分なりの価値観を持っていて、その価値観を他の人に当てはめて見ていたり、それを基準にジャッジします。

ですから、自分の価値観から外れた言動をする人と付き合ったり、または自分の価値観を他人に侵された場合に、怒りや悲しみ、イライラとなって表われるのです。

もし、こうした問題がなければ、人生のかなりの問題は解決したも同然です。

他人との関係で負の感情が出ないためには、価値観の違いを徹底的に理解する、

頭でわかるだけではなくて、心から理解すること。それができるようになりますと、本当に楽な生き方ができるようになるのです。

ちょっとこんな例えで考えてみてください。みなさんの移動手段は何でしょうか？　多くの方が公共の乗り物を使われるかと思うのですが、それ以外で何を使われますか？　徒歩？　自転車？　車？　それともバイク？　私は、ほとんど全部使っています。バイクは今は乗りませんが、スクーター歴もかなり長かったです。

すべての移動手段を経験していますと、おもしろいことがわかります。スクーターに乗っていた時は、車を邪魔に感じるものです。

しかし、車の運転をしていた時には、スクーターやバイクを邪魔と感じ、急な割り込みをするバイクや、路肩付近をゆっくりフラフラと揺れながら走るバイクが危なっかしくて、邪魔でしょうがなかったのです。

さらに、自転車を利用するようになってからは、徒歩の人に「危ないな～」と感じ、3人広がって、歩道のど真ん中を歩いていたり、携帯を見ながら下を向いて歩いている人々とは何度もぶつかりそうになりました。

そして、徒歩になった時は、自転車に対して、「もっと安全運転してよ！」と思うことが何度もありました。何が言いたいか、もうおわかりでしょうか？

結局、車もバイクも、自転車も徒歩も、みんな自分以外の人を、邪魔に感じているのです。つまり、みんな自己中心的な考え方、見方をしているのです。

すべてを経験すると、それぞれの視点からものを見ることができるようになります。しかし、**私たちは、人生においてすべてを経験することはできません。**

大抵の場合、自分の価値観は、親だけでなく、あなたが影響を受けている誰か、それは恩師だったり、尊敬する人だったり、メンターだったり、環境、教育、はたまた、これまで取り入れてきた情報が、基準になっているかもしれません。よく考えてみたら、自分のとても小さな取り巻き、そう、自分なりの世界観で自分の価値観を作っている、とも言えます。その持ち合わせている基準は、誰の基準でしょうか？ 世界で通用する基準でしょうか？ そんなことはありません。

そして、その自分の価値観で、他の人のことを「間違っている」とか、「ひどい」とかジャッジしていることにさえ気付いていないのです。視点を高く持ってみると、何も経験のない子どもが「これは正しい」「これは間違い」と他人をジャッジしていたら滑稽ですよね。大人である私たちも同じです。

例えば、休日、ゴロゴロと寝てばかりいる夫を見て、イライラするでしょうか？もしそうなら、あなたの中に、ゴロゴロしてはいけない。ちゃんと起きていること、という価値観があるかもしれません。しかし、夫の視点になれば、「休日くらいゆっくり休ませてくれ。俺は、週に5日間も働いているんだ！」と言いたいのです。

子どもが親に言われなければ宿題をしないことに腹を立てて、いつも怒ってしまいますか？あなたの価値観には、宿題は早く済ませるもの、という見方があるかもしれません。しかし、宿題をしなくて困るのは誰でしょうか？子どもですす。子どもは、困ることで学びますし、放置していたら、案外自らすることも多いのです。しなくて先生に怒られて、それを不快に感じて、怒られたくないと思えば自ら宿題をやるのです。そうやって責任と約束を果たすことを学び、成長していきます。それがわかっていると、静かに教え諭すだけで十分のケースが多々あるのではないでしょうか？

たとえ他人と似たような立場になったとしても、育った環境も違えば、性格も違うし、思考経路も違うので、どんなにがんばっても、相手の考え方や価値観を100％理解することは不可能なのです。どんなに人生経験が長かったとしてもです。世界に77億人いたら、77億通りの見方と感じ方があるわけで、それがその人に合うとも限らないのです。

ここで言いたいことは、別に100％誰かと同じ経験をしなくても、別に車とバイクと自転車と徒歩を経験しなくても、「違っていて当たり前」と本気で思えたら、その違いに直面した時に、がっかりしたり怒ったり、その人をジャッジしたりしなくて済む、ということ。

価値観の違いを本当の意味で理解した時に、人間関係において苛立ちや、憤り、怒りなどから解放されることでしょう。そして、誰も他人の価値観を変えようとしてはいけないのです。**「自分は自分」「他人は他人」**なのです。

もし、他人に苛立ちや怒りを感じたらどうぞ自問してみてください。「私は何に感情を乱しているのだろうか?」「この件について自分はどうしたいと思っているのだろうか?」と。案外、自分の価値観を通したいだけだった、ということに気付くものです。

他人が大切にしていることを、自分も理解することに加えて、その人の基準や価値観を大切にできるような、大きな器になりたいものです。それが他人との関わりの中で、自分の心を乱さず生きていく、とてもシンプルな方法なのです。

Point

- **自分の価値観は、自分だけのものと心得る。**
- **「違っていて当たり前」とわかれば怒りから解放される。**

人との縁が切れることを恐れない

日本では「ご縁」というものをとても大切にしています。ですから、せっかくご縁があった人と別れることに対して、ネガティブな印象を持っている方がとても多いです。しかし、見方を変えれば、出会いは別れのあとにやってきます。

「会うは別れのはじめ」

……という言葉がありますが、これは、出会いと別れはセットのようなもので、この世で出会った人とは、必ず別れがあることを表しています。ですから、せっかくご縁があったとしても、いつかは切れることもあるので、ネガティブに捉えなくてもいいのです。

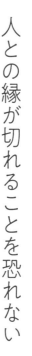

生活の中で、複雑にしがちなのは、この人間関係。せっかく出会った相手だからご縁をずっと保たなければならない、と思うあまり、傷つきながらも、不快になりながらも、嫌なことを言われ続けても、相手から離れようとしない人がとても多いです。

人間関係に関して、似たような相談をこれまでたくさん受けてきました。

「長年友達だった人と、最近気が合わなくなって、今まで楽しかった交友が楽しくなくなってきました。でも、長く付き合っていたから、友達やめるのもどうかな、と思って。この場合、付き合いを続けたらいいでしょうか？」

決定はそれぞれだと思います。気が合わない友達と付き合っていくことのメリットがあれば、きっと気が合わなくても付き合い続けるでしょうし、なければきっと別れることでしょう。

しかし、「朱に交われば赤くなる」のことわざが表しているように、付き合う人は、自分の人格や生活に大きな影響を与えます。また、**付き合う人は、自分の**

ステージを決める重要な要素となります。自分が変わりたければ、一番手っ取り早いのが、付き合う人を変えればいいくらい、交友というのは、大きな影響を与えるものです。

人間関係に関して、「あの人とは気が合わない」と何気なく使っている言葉は、自分と相手が発する「氣」、つまりエネルギー、周波数、波動……全部同じ意味ですが、それが合わない、という意味です。合わなくなった時点で何が起きるでしょうか？　それは、相手との不協和音です。それはまさにバイオリンの音色が音楽になっておらず、ギーギーとただ耳障りな音を出して、聞くほうは鳥肌が立つくらい不快になっている状態のことです。この状態で、我慢を強いる理由がどこにあるでしょうか？

気が合う人同士で発している「氣」が似ている状態というのは、心地よい音楽を聴いているかのようにお互いが共鳴します。心に響いたり、楽しかったり、ワクワクしたり、心地よかったりする場合がそうなのです。

夫婦が最初、相思相愛で結婚した時というのは、まさに共鳴していたのです。しかし時が経つうちに、違和感や喪失感、苛立ち……などなど色々な要素がありますが、お互いが変化し、距離感が出たりなどで、不協和音になるケースもあります。夫婦というのはご縁で結ばれたわけですから、努力や歩み寄り、または譲歩するなどして、その不協和音を少なくすることもできます。大抵の場合、愛と感謝や、許しなどで、最初の情熱的な共鳴とまではいかなくても、ある程度の共鳴は望めるものです。

それでもダメな時は、別れがやってきます。別れが悪いわけではなく、それはお互いの学びの場が終了したということであり、最初の言葉にあった通りです。ですから、ご縁が切れたとしてもネガティブになる必要はまったくありません。

人間関係において、最終的には、自分と似た人が周りには残るようになります。よく言われている「類は友を呼ぶ」法則です。

しかし、自分の感情をいつも押し殺し、不快感を覚えているのに、相手に合わせてばかりいて、自分の本心にウソをついていますと、これまた大変な人間関係になっていきます。そのことは人間関係をとても複雑にするのです。

人間関係とは一見、難しいようで、実は非常にシンプルです。素の自分を表現**していれば、あなたの波動と似た人が引き寄せられてくるのです。**

縁はずっと続くか、というとそうでもなくて、相手と自分の波動が合わなくなった時、切れるものです。無理して切らないこともできますが、それは自分が変化しないで同じ場所に居続けることを意味します。どちらがいいかは、自分次第。

離れたいと思っている相手から嫌われて、何かデメリットはありますか？失ったら何か困りますか？シンプルに自問するだけで答えは明確に出てくることでしょう。

Point

- **ご縁が切れるのはネガティブなことじゃない。**
- **素の自分でいれば、自然に自分と似た人が集まる。**

あなたのエネルギーを奪う人から離れなさい

あなたは一緒にいて元気になる人、逆に一緒にいると何だか、いつもスッキリしない、またはその人と話すと、どうも疲れてしまう、そんな人と関わった経験があるかもしれません。自分と合わない人と一緒に時間を過ごすと、それはまるで自分のエネルギーを奪われたかのような感覚になるものです。

一般的にどんな人と一緒にいると、エネルギーが奪われる感覚になるでしょうか？　例えば……

不平不満や愚痴ばかり言って、聞いてあげても元気にならない人。
自分の話ばかり、機関銃のようにずっと話している人。

逆に、何を聞いても話さない。
自慢話か、人の悪口ばかり。

もちろん人は時に、心の中にある苦しいことなどを吐き出してクリアにし、元気になっていくものですが、いつもいつもあなたをゴミ箱代わりに、不平不満や愚痴ばかりを話す人がいたら、どうか注意してください。
なぜなら、あなたの大切な宝を貯蔵する場所である潜在意識を、ゴミ溜めにしていることになるからです。心地よくない情報が繰り返し、繰り返し、心に入るのを許したら、あなたはその入ってきた情報通りの行動をするようになってしまうのです。

そして、その情報がインプットされてしまったら、いずれ、その人が発する低い波動に同調するようになり、同じ行動をとるようになってしまいます。**人間関係の絶対的法則は、『付き合う人と同じになる』ということなのです。**

こうしてあなたのエネルギーを奪い去る人と付き合っていますと、まるで身体のすべての力が抜けるかのように感じるかもしれません。さて、もし、あなたが付き合っている人の中に、そのような人がいたらどうしますか？　答えは明確です。

あなたのエネルギーを奪い去る人から離れましょう。

なかには、正義感ゆえに、その人をよくしてあげようとか、変えてあげよう、と思う方もいるかもしれませんが、それはエゴというものです。あなたは他の人を変えなくていいのです。キツい言い方かもしれませんが、人は自分のことすらなかなか変えることができないので、他人のことなど変えることはできません。

会社や親戚付き合いなどで、どうしても物理的には離れられません、という方でも、精神的な距離を保つことは可能。そして、自分がその人自身にフォーカスしないことで、離れることができるのです。

その点、脳は本当にシンプルにできています。

例えば、コーヒーにまったく興味も関心もない場合、目の前にコーヒーが置いてあったとしても、見えないことすらあるのです。よくこんなことありませんか？　探し物をしていて、「ないないないない……」と言いながら探していて、どこにも見つからず、しかし、あとで見たら、目の前の一番目立つところにそれがあった、という経験。なぜあんなに探したのにそれが見えなかったのか？　それは脳には、「ないないないない」がインプットされていて、「ない」と脳が信じ込んだため見えなかったのです。

人間関係で見たくない人、注目したくない人も同じです。いないと思えば、見えなくなるのです。そんなに単純なものではない、と思われるかもしれませんが、結構大丈夫なもの。

エネルギーを吸い取る人は自分にとって必要のない人、と理解した時に、目に入らなくなる。もし、あなたがその人に注意を向けなければ、あなたにとってその人はいないも同然なのです。目につく、と思ったとしても、それはあなたが目を留めているだけなのです。では、どうしたら、その人に注目しないで済むでしょうか？

もし、目に入って嫌な感情が出てしまった場合、過去に最も感情が強く動いた心地よかったこと、楽しかったことを思い出してみる。または、女優にでもなったつもりで、その人に接する時は、完全に何かを演じて接したり、はたまた観察対象にしてみてください。「なぜこの人はいつもそのような行動をとるのだろう？ どんな心理が働いているのか？」などなど（私の場合はこれ。完全に相手を観察対象にします）。そう、嫌いな人の場合、付き合わずして、自分なりの『遊び』に変えてみるのです。違って見えてくることでしょう。

相手から離れることに罪悪感を覚える必要はありません。SNSでも無理に付き合う必要はありません。相手が離れていったとしても、あなたの人生にどれほど重要な人だったでしょうか？ そんなに重要な人は人生の中でわずかです。
全員に「いい人」である必要はありません。全員に「いい人」であるということは、自分にとって不必要な人さえも寄ってくることになるのですから。

嫌な人がいる、というのも人生を歩む上での一つの経験です。つまり、「私は、こういう人とは波動が合わない」ということがわかる経験。冷静に見るとただそれだけなのです。合わない人がいても当然ですよね。人は誰もが個性的な生き物だから。

もちろん、心から笑って許せる度量があるなら、無理に離れる必要はありませんが、不快感ばかりが募るなら、答えは明白なのです。

シンプルに、**自分のエネルギーは、楽しく自分のためになることに使ってください。**他人に抜き取られるかのような仕方で、あなたのエネルギーは使わないでください。

Point

- エネルギーを吸い取る人は、自分にとって必要のない人。
- 嫌いな人にはフォーカスしない。

心地いい距離感をとれる人の魅力

「好きだからいつもそばにいたい」「相手が何をしているか、誰と一緒にいるかを知っていたい」。誰でもそんな感情になったことがあるかもしれません。
好きだからそばにいる、これは男女関係のみならず、親子、友人関係でもよくあることです。好きだから同じであってほしい、という気持ちからついつい相手をコントロールしてしまうことさえあるのです。

しかし人は無意識に、関係性と距離においてもバランスをとろうとします。「追えば逃げる、逃げれば追いたくなる」という心理が働くのです。ですから、**常に相手とは、ちょうどいいスペース、距離があるとお互いとてもいい関係性ができてきます。**愛と信頼と尊敬のもとに、お互いが自立して、自由を楽しむ関係性です。
例えば、どんな関係性において距離感が必要でしょうか？　どなたにでも当てはまる例をあげてみましょう。

恋人同士はいかがですか？　愛していると、どうしても近くにいたいし、その人の行動を逐一知っていたいし、把握していたいし、自分だけを見ていてほしいし、そして、自分だけに関心を持ってほしいと思うかもしれません。
相手に依存的だったり、過干渉気味の人はそうした傾向が強いかもしれません。ヤキモチ程度ならかわいいかもしれませんが、行き過ぎると、それは束縛にもなりかねず、相手に息苦しさを感じさせます。そして、距離を縮めようと思えば思うほど、お互いの距離を逆に広げてしまうことになりかねません。

男女間の場合、お互いにとっての心地よい距離感って、どれくらいでしょうか？　これは人によって個人差があります。どれくらいがいいかは自分の価値観や想像ではわからないもの。**一番わかりやすいのは相手に聞いてみることです。**

何をされたら嫌なのか？
どこまでだと心地いいのか？
どういう言動が重いと感じるのか？

相手の気持ちを尊重し、お互いにちょうどいい距離感を確かめることは本当に大切なこと。それは、関係性を複雑にしない秘訣です。**相手をコントロールせず、自分の感情をコントロールできるようになれば、本当に心地よい距離感を楽しむことができます。**

親子の場合はいかがでしょうか？　親は子どもが何歳になっても親である意識から、子どもが自立しようとしても、ついつい自分が決めたことを押し付けてしまう傾向があるようです。親子といえども、自分とは別の人生を歩んでいる一人の人間であることを認めましょう。

息子が結婚して家庭を持っているのに、あれこれ指図や命令を続ける姑《しゅうとめ》が嫌われるのも無理はありません。自分と息子との距離をわかっていないからです。逆に、年老いた親にも同じくあれこれと指図ばかりしないことです。私たちを生み育ててくれた親ですから。いい距離を保ちつつも尊重していきたいものです。

友人関係においても同じです。トラブルで多いのが、友達があれこれ、指図してきたり、頼んでもいないアドバイスをいつもいつも言ってきたり……。動機はきっと優しさからなのでしょう。友達にいいことを勧めたい、友達に失敗してほしくない、そんなよい動機であったとしても、それは過干渉というもの。相手から聞かれない限り、あれこれとアドバイスなどしないほうが得策です。

人間は、コントロールされるのが好きではない生き物ですが、コントロールするのが好きな人は本当に多いです。自分がよいと思ったことは、相手にもさせたい。自分がよくないと思ったことは、相手にもやめさせたい、などなど。

ここで大切なことは、物理的な距離ではなくて、相手との接触頻度や関わり具合といった距離感と、一定の精神的な距離感を保つこと。そして、決定権は常に相手にあるので、それを強いることをしない、ということ。

誰かとの距離が近くて息苦しさを感じているなら、少し、精神的距離を保つようにしてみてください。それは、家族であれ、友人であれ、恋人であれ、です。つまり、自分の思っている息苦しさを相手にも伝えるのです。

心地よい距離感を保つと、距離が相手と近かった時よりもずっと、信頼関係と絆が深くなります。それはつまり、距離があってもその人を信じていることの証拠だからです。

Point

心地いい距離感が相手との信頼関係や絆を深める。

いい人をやめると〝あなたらしさ〟を楽しめるようになる

とかく日本人は、周りの人々の目を気にし過ぎです。理由は、周りと同じでいたい、同じでいることで安心感を持ちたいのです。ですから人と違った意見を持つことに恐れを抱いています。こんな有名なジョークがあります。

沈没最中のタイタニック号からボートに飛び込む時、国民性の違いで、人々に言うセリフが違うのです。アメリカ人には、「飛び込めばヒーローになれますよ」。イギリス人には「あなたは紳士なので飛び込んでくれますよね」。イタリア人には「今、キレイなご婦人が飛び込んだのですが」。そして日本人には「みんな飛び込んでますよ」。

日本人はこの、「みんながやっている」という判断基準で流されてしまう傾向がある、ということを表しています。これは、とてもよく日本人の国民性を表しているものだと思います。

他の人の目を気にし過ぎ、ということは何に表れることがあるでしょうか？それは、『誰からも嫌われたくない』つまり『みんなからいい人と思われたい』という気持ちに表れるのです。

とりわけ、人と違ったことをすると目立ちます。目立たなければ、自分を知られることがないので、嫌われることも少ないかもしれませんが、本当の自分を抑えているとしたら、それはとても不自然なこと。自己主張すれば、目立つ分、叩かれることもありますが、自由に生きることができます。

自分の考えを押し殺し、誰彼に合わせて、いい人をしていますと、息苦しくなります。本当の自分じゃないゆえに、いろんな人があなたに集まるようになります。人は、違っていて当たり前なのですが、素の自分を出さなければ、自分の考えと違う人たちがあなたに近づいてきます。想像してみてください。気の合わない人が、あなたに寄ってきて、自分を押し殺しながらその人々と付き合うことを……それはとても大変なことなのです。

人が、いい人でいたがる理由をもう一度考えてみましょう。「いい人でいる」ことで、誰かに感謝されるかもしれません。否定されないので、みんなに好かれている人になるかもしれません。しかし、そうした他人の評価によって、あなた自身が自己評価している、ということにお気付きでしょうか？ つまり、**自分で自分を承認できないので、他人からの良い評価と承認で、自尊心を保っているこ**とになるのです。

自分で自分を認め、自分のことをちゃんと評価し、やっていることに対して自己承認できている人は、他者からの評価や承認を過度に必要としません。もちろん、人間ですから、他の人から良い評価や承認を受けるとうれしいかもしれませんが、しかし、そうなりますと、常に、周りの意見に一喜一憂したり、自分の気持ちが他人任せなので、ブレるのです。これでは自分の人生を生きているとは言えません。

もし他人と意見が違っていたなら、それらに迎合することなく、自分の意見をちゃんと伝えてみてください。嫌われることを恐れず、常に自分の考えをしっかり伝えられるようになりますと、あなたを尊敬する人も現れます。そして、あなた自身の信念や価値観をブレることなく表現していますと、あなたに賛同する人が増えてきたり、八方美人ではない、あなたのその態度に尊敬の気持ちを示す人たちも現れてきます。

どうぞ、周りからの否定や非難を恐れないでください。「もう、いい人をやめる！　嫌われたっていい！」と思えた途端、あなたは自由を得ます。他人の評価ばかり気にしていて、自分の人生に自由がないなんてもったいないですよね。これからは、自分の自由を楽しんでください。

ちなみに嫌われることでのメリットもたくさんあるのです。例えば、あなたのことを嫌いな人は寄ってこないので好きな人しか残りませんし、面倒な頼まれごとも少なくなります。周りの目を気にしないので自分の決定に迷いもなくなります。また、他の人の意見で揺れることもなくなりますし、余計な誘いがないので自分の時間ができます。余計な気も使わなくて済むので心が楽になり、嫌なこともキッパリと断れるようになります。いかがでしょうか？　非常にシンプルな人間関係になると思いませんか？

過去に素晴らしい功績を残した先人たちにも、必ず敵がいました。いいことをしていても批判されました。目立つ立場の人で非難を受けなかった人などいなかったのです。しかし、名を残す人たちは、別に嫌われることを恐れなかったので、自分の道を歩むことができ、名を残す結果になったのです。

つまり、何かをやっても、やらなくても、周りの人々は結局何かを言うのです。どっちみち何か言われるくらいなら、**嫌われることを恐れずに、いい人をやめて、自分の人生の自由を楽しんだ者勝ちなのです。**

あなたはあなたなのです。他人に合わせる必要などありません。いい人をやめると、楽になりますよ。あなたの周りには、あなた好みの人だけが集まるようになるからです。これがシンプルな人間関係を保つ、第一歩なのです。

Point

- **嫌われることを恐れない。自分の人生を楽しんだ者勝ち。**
- **いい人をやめると楽になり、自分らしい人生が歩める。**

シンプルに自分の素を出したほうが好かれる

本当の自分を出すのが怖い、本当の自分を出すと嫌われる、と思っている人がとても多いのですが、実はまったくの真逆です。あなたは本当の自分を出せば出すほど好かれます。なぜでしょうか？

第一印象をよくすると、いろんな意味で間口が広がっていきます。合コン、友達作り、そういったところでも印象がいいかどうかで、振り分けられていく、ということは確かにあります。しかし、第一印象というのは、相手には最初のインパクトになりますから、もし、その時に、本当の自分ではない、計算され作られた自分だったとしたら、その後の関係性はどうなるでしょうか？

多くの場合、「あれ？ 最初の印象と何かが違う」という違和感になりかねません。もしくは第一印象ばかりよくしようと、計算で作られた自分を演じ続けて、人との関係性を作るのは、疲れませんか？　女優でもない限り、本当の自分じゃない状態というのは、リラックスもできませんし、本当に疲れるものです。

だからこそ、素でいる自分を受け入れて、愛して、そのままの自分でいることで、あなた自身も伸び伸びとしていられるのです。そのベースには、前の項目で扱いましたように、嫌われてもいい、いい人をやめるという決意が必要なのです。
では、あなたらしく、そのまま素でいるとどうして好かれることになるのでしょうか？　その理由をいくつかあげますね。

まず、あなたが、どんな人と接する時でも、いつも同じでいる、いつも同じ信念でいる、いつも素を出していて一貫性がある。そのことは、周りの人々にとっては、安心材料になるのです。「一貫性」というのはとても大事です。あちこちで言っていることがコロコロ変わる人を誰が信頼するでしょうか？　**あなたがいつもあなたらしくいることで、周りもあなたを信頼するようになるのです。**「この人は、誰に対しても変わらない人なのだ」と相手が知った時に、あなたに安心感を持つようにもなるのです。

素でいる、ということは、何の飾り気もない、そのままのあなたでいる、ということです。人によく見られたい、大きく見せたい、すごいと思われたい、ということを考えて相手に接しますと、ウソの自分を演じるようになってしまいます。「別にどう思われてもいい」と最初から力を抜いてそのままのあなたでいることで、人々は変に気を使わず、「そのままの自分でいても受け入れてもらえる」と感じ取り、あなたと一緒にいる時には、リラックスし、相手もまた素でいられるようになるのです。

気を使わない相手といると、本当に楽であることは、あなたも経験があるのではないでしょうか？　正直な自分で、お互いに一緒にいられることこそ、シンプルな人間関係を培う方法なのです。

あなたがあなたらしく、ありのままの素を出していると、相手に「この人には気を使わず素を出してもいいんだ」という無意識の発信になります。それは相手にとっては心地よさ、リラックス以外の何ものでもないのです。そんなあなたはどんどん好かれていくのです。恐れず、どうぞ素のままでいてください。

Point

- いつも自分らしくいる人は、周りから信頼される。
- ありのままの素の自分は、相手に心地よさを与える。

「断る力」が人生をシンプルにする

さあ、「嫌われてもいい」「いい人をやめる」「自分の素を出す」、これらができたら、「断る」ということは非常に簡単になってきます。**「断る力」があれば、もっともっと人間関係と人生そのものがシンプルになっていきます。**

なぜ断れないのでしょうか？ これまでの項目で述べてきたように、大きな理由は「嫌われたくない」というものですが、実は、もっと違う理由も存在しています。それは、「断るのが面倒」という理由です。

頼まれごとを引き受けるのは、「いいですよ」だけで済むのですが、断るのにはかなりエネルギーを使ってしまいます。それなりの根拠や、納得いく理由も説明しなければならないという優しい配慮からでもありますが、往々にしてこちらの勝手な思い込みの場合があります。相手はさほど気にしていないこともあります。

また、別の理由としては、自分よりも他の人を優先する利他的な気持ちや、和を大切にする、という国民性も関係しているかもしれません。

しかし、ちょっと考えてみてほしいのですが、周りとの関係性を保つために、自分の気持ちを押し殺してしまう、ということになると、平和どころか、自分のメンタルを壊してしまうことになりかねません。

それと、やんわり断ってしまうことで、断られている、と受け取られず、何度もしつこく誘う人がいるのも確かです。そのような理由もあって、「断る＝大変」という図式が出来上がってしまっています。ここを「断る＝簡単、そしてそれは親切」というふうに変えてしまいましょう。

実際に、相手に不快な思いをさせずに断るというのは、ある意味、技術ではあるのですが、ファーストステップは、**まず自分がどうしたいのか？**というのを知ることです。

自分がどうしたいのか、という本当の気持ちを知り、その自分の気持ちを伝えることを優先しながらも、相手にいい形で伝えられるようになること、これが大切になります。この伝え方を「アサーティブな伝え方」と言います。このアサーティブの訳語は「自己主張」です。

「自己主張」と聞くと、何となく身勝手なイメージを思い描くかもしれませんが、決してそうではなくて、自分の意見だけを押し通すのではなく、**自分の権利も、相手の権利も考慮に入れつつ、誠実に率直に伝えられるようになることです。**

とりあえず、相手にどう伝えるか、はいったん置いておいて、「自分の言いたいことが、まずわかること」「この件に関して自分にとって一番の理想は何か？」「自分の正直な感情は何か？」を明確にすることです。

こんな例があります。Aさんは、ママ友達の中で、自分だけ車を持っていて、遊びに行くたびに友達を車に乗せてあげていたそうです。周りが喜ぶものだから、役立っている、という気持ちでうれしかったそうです。

ところが、だんだん、周りの人々は、何かというと乗せてって、とAさんを利用するようになり、ガソリン代も払わない、特別お礼もしない、ということに苦痛を感じるようになっていったそうです。ガソリンが1円上がるたびに腹立たしく思ってみたり、はたまた自分の心の狭さを責めてみたり……。そしてその気持ちを伝えられないことにもモヤモヤが募っていったそうです。

結局、Aさんの場合、一番みんなに言いたかったことを整理すると、自分ばかりが車を出して、お金の負担がかかるのが大変、ということでした。それなのに、みんなはタダで楽をしている、ということ。

友達の一人に正直に「最近、ガソリン代も上がってきてお金がきつくて節約することにしたから、自転車移動することにしたの。それに運動不足だからその解消のためにも、しばらく車お休みするね。ごめんね」と伝えたそうです。そのことで、離れた友達もいたそうです。しかし、残ったお友達とはいい関係性が築けているそうです。
このように、ファーストステップは、「自分の気持ちを知る」ということ。その次に整理しておきたいのは、「断るかどうかの判断基準」です。

それには、あなたの感情が何と言っているか？　引き受け可能かどうか？　という二つの点を考慮しなければなりません。プライベートに関しては、直感で「したいか？　したくないのか？」「気が乗るか？　乗らないのか？」これだけです。子どもたちのしがらみがある場合でも、引き受けるかどうかは、あなたの直感がわかっています。

断る場合は、伝え方も非常にシンプルです。「誘ってくれてありがとう。でも今、気が乗らないのよね。また誘ってね」だけでいいのです。英語で言えば、「NO」だけでなく、「No, thank you.」と同じです。
そして、断りのマナーとしては、すぐ断ることです。断りづらくて、その場ではOKを出しておきながら、日が経つにつれてどんどん気持ちがダウン。ドタキャンしてしまう、ということが最も相手に迷惑がかかってしまうからです。

一つ覚えておきたいのは、自分を押し殺して嫌々何かを引き受ける、というのは、相手に対しても失礼、ということです。逆の立場の物事を考えてみたらわかると思いますが、もし、お誘いしていて相手が内心嫌々引き受けていると知ったら、あなたはどう思うでしょうか？

そう。**嫌なことを断る、ということは相手に対する誠実さの表れでもあります。**

まずは練習です。自分がいつもどんな場面で断りづらいのか、をリストアップしておいて、その依頼や、お誘いを断るセリフを事前に準備しておくことです。

例えば、仕事上での上司からの頼まれごと。仕事ですからしなければなりませんが、今着手している仕事もこなさなければなりません。だとしたら、「今やっている仕事が遅くなっても大丈夫ですか？」「期限までに仕上げるのは難しいと思いますので、どなたかに手伝ってもらえそうですか？」など。自分のやれること、やれないこと、限界などを伝えてみてください。

また、参加したくない交友関係に関しても、「ありがとう、でも今、体調管理でお酒をやめているの」などのように理由を言ってもいいのですが、シンプルに、「誘ってくれて、ありがとう、でも、ごめんなさい。今回は行けないわ」でいいのです。

理由を聞いてくる人がいたら、「ちょっと事情があって……」と言葉を濁せば、それ以上は聞いてこないでしょう。何事もシンプルに！　なのです。さあ、断ることを恐れずに練習してみましょう。

Point

- うまく断るために、まずは自分の気持ちに正直になる。
- 断る時は、すぐに、そして伝え方もシンプルに。

すべて自己責任、他人はあなたをコントロールできない

私たちは、とかく他の人のせいで、嫌な感情になっていると思いがちです。つまり、他人にコントロールされていると思ってしまうのです。そして、意外かもしれませんが、無意識に自分もまた他の人をコントロールしようとしています。

そして、自分が持つ感情に関しても、誰かの言動で「落ち込んだ」とか、「頭にきた」という外的な要素でそういう感情になったと思いがちですが、それも違います。その外的な要素はきっかけに過ぎず、感情も、行動も、感覚も、何もかも……**自分で選択している**のです。

家で子どもをガミガミ怒ってしまうのは、「子どもが片付けないから」とか

「子どもが言うことを聞かないから」というわけではありません。

言うことを聞かない子どもが一つの情報（きっかけ）となり、あなたの中に、「声高らかに怒鳴る」という選択肢と、「静かに言い聞かせる」という選択肢と、「放置する」という選択肢と、その他いくつかの選択肢が生まれ、その中から、あなたは「ガミガミ怒鳴る」を選択しただけ。シンプルですね。ですから、子どものせいではありません。

また、こんな例を考えてみてください。

自分のやりたいことが見つかりました！ ワクワクします！ 夢に向かって進もうと思いました。しかし、親が反対しました。こんなにもやりたいことができて、意欲が湧いてきたのに、結局、親の強い反対でその道を進めませんでした。「くぅ〜。親のせいで自分のやりたいことがやれなかった」と、何年も親を恨んでしまうのでしょうか？ それも親のせいではありません。

「親の反対にすぐに屈する」という選択肢があり、「親をがんばって説得する」という選択肢もあれば、「家出して自活しながらでも、やりたいことをやる」という選択肢もあったはずです。しかし、色々な選択肢の中で、あなたは「親の反対に屈する」という選択をしただけなのです。

これらのことから、子どもや親が自分をコントロールしているわけではないことにお気付きになられるでしょうか。常に自分の行動は自分で選択しているのです。ここに気付くか気付かないかで、今後の人生に大きな違いが生じることでしょう。**すべての行動は「自己責任」。あなたの人生もまた「自己責任」。自分で選択してきた結果なのです。**

想像してみてください。自分の人生は自分の責任、と思うと、どんなふうに人生を歩もうと思うでしょうか？　または、今の生活をすべて他人の責任にした時に、どんな人生になると思いますか？

他人のせいにしてきた人生では、主体的に歩めていないので、常にまわりに流されて……というよりも、流されることを自分で選んでいることにも気付かず、いつも不平不満、愚痴など、エネルギーが下がるようなことばかりをして、生きていくことになりかねません。
キツい言い方になるかもしれませんが、あなたが今つらい思いをしているのは、周りの誰かのせいではありません。周りの人は誰もあなたをコントロールすることなどできないのです。あなたのフィールドに入って、あなたの代わりに何か決定することもできません。

この認識ができると、**今後は常に自分によい選択をしよう！と意識できるようになります。**つまり、怒り、という強い感情を感じた時も、自分で理性的に、怒りを感じてみよう！とか、受け流そう！と自分で選択することができるようになるので、心穏やかでいられます。

しかし、一つ言うならば、周りには、確かにコントロールしようとする人もたくさんいますし、なぜか、他人をコントロールできると思っているのです。親も子どもをコントロールできると思っているので、自分の思う通りに動かしたいと思い、子どもの決定に反対したり、ガミガミ言うことがあるかもしれません。

子どもによくなってほしい、子どもにつらい思いをさせたくない、という愛ゆえかもしれませんが、それが本当に愛なのか？　自分の思う通りに動かしたい、というエゴなのか？　は、冷静に自問してみるとわかるかもしれません。

私自身は、親に不従順な子どもだったので、親が私のすることで何か反対することがあっても、私は常に「反対する意味がわからない。私の人生は自分のものだから」と言って、いつも自分で選択してきました。

親の言うことを聞かなかったので、痛い目にたくさん遭いました。親の言うことを聞かなかったために、何年も無駄な時間を過ごしたこともありますし、多額のお金を損したこともあります。親の言う通りだったことも、確かにたくさんあったのです。

しかし、他人から教えられたことだけでは、人は本当には理解できず、経験があるからこそ、本当の意味でわかるのです。しかし、ありがたいことに、その痛い経験は全部、今役立っています。仕事にも活用しています。私の「痛い思いをする」という学びの機会を取り上げなかった親には、心から感謝しています。

あなたの人生はあなた自身でコントロールできます。やりたいことも、やりたくないことも、やらねばならないことも、全部自分で選択しています。感情ですら、全部自分で選んでいる、ということがわかれば、感情が暴れ出す前に、「さて今日は、どの感情を選ぼうかな」と冷静に選ぶことすらできるのです。究極、相手が言ったことを受け入れた時点から、責任は自分にあるのです。

たった一度の自分の人生ですもの。他の人にコントロールされてはなりません。そして、自分の意志ですべてを選択している、ということを認識すると、本当にシンプルに選択できるようになっていくのです。

Point

- **自分の人生は、「自己責任」。**
- **自分の意志で、シンプルに、いいことだけをコントロールできる。**

Chapter

4

「いいこと」がたくさん起こる！ モノと感情のシンプル整理術

片付けの〝最初の一歩〟を踏み出す方法

日本経済が豊かなバブル時代は、物をたくさん持つことは豊かさの象徴のような状態になり、今なお、物にあふれた生活をしている人はたくさんいます。量販店と呼ばれるお店では、日常雑貨や家具や電化製品、ありとあらゆる物が安い値段で売られています。

シンプルな生活に憧れながらも、このように物にあふれた中にあって、実際にシンプルになる、というのは一種の挑戦かもしれません。しかし、時代は変わりつつあります。物を少なく持ち、長く大切に使うヨーロッパの人々の生活も注目されています。日本でも、ミニマリストと呼ばれる最小限な物で生活している人々も増えてきました。

さて、そんな時代に突入したとはいえ、なぜか物を捨てられない人、片付けられない人、そして安いものをちょいちょい買ってしまう人が多いのはなぜでしょうか？

まず、**環境というのは、私たちの心と思考の反映なので、ごちゃごちゃした環境や部屋は、私たちの見えない内側が顕在化しただけのこと。**つまり、頭の中や心が整理されていない人は、部屋の状態も整理されていない場合が多いのです。あなたの心と部屋はつながっています。

片付いている人の思考や心は、大抵の場合は安定しています。物が捨てられない傾向の人も大抵の場合、メンタルの何かが関係しています。捨てられない理由というものがあると思いますが、その主な理由とは？

・思い出だから
・またいつか使うかもしれないから
・高かったから
・もったいないから

・捨てることへの罪悪感

例えば、もったいない、ということに関して視点を変えて考えてみますと、使わない物に対してスペースを与えていること自体もったいないのです。使わない物を無駄に置いている、ということですから。

また、捨てられない別の要素は、「いつか使うかもしれないから」という理由。そのいつかは、近い将来かもしれず、遠い将来かもしれず、そして、トレンドが一周して10年後くらいかもしれず……。しかし、いつかは、ほとんどの場合訪れません。いつか使う時が来たら、また買えばいいのです。服は定番でも、微妙に流行があります。ハイブランドであっても、2年も3年も着用していないなら、手放したほうがいいです。出番がないということは、もう、その洋服とは波動が合っていないのです。

さらに、物が捨てられない人の傾向としては、過去に想いが向いている人、つ

まり、物に気持ちを乗せていて、思い出や、その過去から決別したくない人。簡単に言うと、古いエネルギーに想いを向けている、という意味なのです。そういう人というのは、過去を見ていることになるので前に進みづらい、という傾向もあります。**前に進みづらいということは、片付けも苦手な場合が多いのです。**

さて、そんな方におすすめなのは、未来を見るトレーニングです。つまり、自分はどんな部屋に身を置きたいのか？　というイメージを持つのです。過去のエネルギーに気持ちを持っていかれないために、理想の部屋に身を置いている自分の未来をイメージする練習です。

まずは、イメージトレーニングできる材料を探してみてください。

■インテリア雑誌
■家具屋さんに行く
■モデルハウスに行く
■スッキリしたお部屋に住んでいるお友達の家に行く

一番インパクトがあるのは、片付いているお友達の家に行く、というものです。インテリア雑誌も、モデルハウスも視覚情報として参考になりますが、いまいち現実味がない、とおっしゃる方もたまにいます。しかし、身近な人の部屋の状態という視覚情報は、モチベーションがとても上がります。視覚から入ってくる情報は本当にインパクト大なのですが、実際に家に行き、五感を使って体感すると、家に帰ってからでもそのイメージができるからです。

さあ、片付けのモチベーションが上がったら、次は実際の片付けに入りますが、みなさんはこんな図式が頭の中にありませんか？

「片付け、整理整頓、掃除＝疲れる、大変なこと」

掃除は古いエネルギーと向き合うことになるので、確かに疲れるものです。そして、山となったゴミやら、いらない物を目にした時、どんな気持ちになるでしょうか？　もう、その山を見ただけで嫌になってしまうはず。視覚情報は、一瞬にしてあなたのエネルギーを奪ってしまいます。

そこでおすすめしたい片付け方は、パーツに分けて、短い時間で小分けにやることです。つまり、**掃除や片付けは、長時間はやらずに、「疲れる前にやめる！」**。これをルール化します。

みなさんは、何分なら、本気で集中して掃除をやり続けることができるでしょうか？　5分？　10分？　それとも30分くらいなら楽しくできそうですか？

まず、集中して、疲れないで続けられる時間を決めます。掃除に限らず、大抵の場合、**何かをやる時に一番エネルギーを使うところは、最初の一歩**なのです。一歩が踏み出せないのは、長時間にわたって掃除しなければならなくて非常に疲れる、という強い思い込みがあるから。最初の一歩は短い時間を設定しましょう。

次に、まず、ここを片付けたら一番きれいに見えるというところを探します。

どうしてそこが最初かと言いますと、視覚情報としてすっきり感が目に入り、非常に心地いいからです。その後のモチベーションも上がってきます。そして、それがテーブルの上だとすると、5分間だったらテーブルはどれくらいのパーツを片付けられるだろうか？　と考えて、パーツに分けてみます。

4分の1くらいだったら、テーブルの上を4分割にし、それを一日の朝、昼、夕方、夜などのように分けて徹底して5分間ずつ片付けます。あとは、キープし続けられるように、ここでもマイルールを決めるのです。5分と決めていても、エンジンがかかると、意外にもっともっとやりたくなる可能性も出てきます。床も同じルールでいきます。片付けの時間を決めたらパーツに分け、そのパーツごとにやってみる。

キッチンだったら、引き出し1個や、棚1段でいいのです。クローゼットだったら、50センチずつとか、タンスや下駄箱も1段ずつとか、時間とパーツを決めてください。

また、もう一つの方法は、まず着手するのを、限られた小さな空間、としてみることです。玄関、トイレ、バスルーム、洗面所、納戸などの小さな空間です。

片付ける場所が広いだけでエネルギーが奪われるような気になるからです。窓拭きも同じルールでいきましょう。一日1枚でいいのです。決して、疲れるまでやり続けることがないようにいたしましょう。疲れる前にやめる習慣です。

さて、きれいになったら、その状態をキープできるように、自分の中でいくつかのルールを決めて、そのルールを固守するのです。例えば、マイルールの一例、

・3ヶ月に一回、整理をする（処分なども）
・何か買う時は、何かを捨てる
・使ったら必ずもとあった場所に戻す
・毎日片付けの時間5分を習慣化する
・使った食器は1個でも洗う（一切溜めない）
・お気に入りじゃなければ買わない

……などなど。これらの手法で、私のクライアントの多くは、片付けられない

人から、片付け体質になった人がたくさんいます。私自身も同じです。まずは、1ヶ月間かけて少しずつ、片付ける習慣を持ってみてください。
片付け、掃除、整理整頓ができるようになりますと、次のいいことが起きます。

・行動力がアップする
・運気アップ
・メンタルの安定
・美意識アップ

様々な効果があります。まずは5分間の片付けから挑戦してみてくださいね。
決して疲れるまでやらないでください。短い時間で楽しくやってみてください。

Point

- 理想の部屋をイメージするとモチベーションは上がりやすい。
- 片付けは、疲れるまでやらないをルールにする。

上質な物を数少なく持つ

片付け、整理整頓の本というのは、いつの時代も人気です。なぜ人気なのか？

それは物にあふれた時代にあり、実際に片付けられない人や、安くて気軽に買ってしまった物があふれ整理整頓ができない人が多いからです。


それらの片付け本は、「物を減らす」ことを勧めています。

しかし、そのような整理整頓、片付け本の最終的な目的は、「物を捨てること」ではありません。捨てる快感というものも確かにありますが、捨てることへの罪悪感、という感覚も大切にしたいものです。そのため片付け本の最終的な意図は、

■無駄な買い物をしない

■本当に気に入った上質な物だけを買う
■それらを大切に長く使う
■物を増やさないシンプル生活

というところにあるのです。物と共鳴して心地いい環境になり生活の基盤がしっかりすることが、真の整理整頓、片付けの意義なのです。

昔は、物が極端に少なかったことを思い出してください。テレビは一家に一台でしたね。37年前、私の兄が中学に入る時に買った自転車は6段変速ギア付きで、当時7万円でした。また、同じ頃、カセットテープレコーダーの値段は、これまた当時7万円近くしていたのです。そのカセットは直しながらではありましたが、30年以上も作動していました。

現代では、家電などは、修理するのと買い替えるのが同じくらいの金額になっており、多くの人が新しい物に買い替えます。それ自体が悪いわけではありませんが、物を大切にする精神はどんどん薄れてきているのです。

そう考えてみますと、多少高くても上質な物を、数少なく持ち、かつ、それを大事にすることのほうが、どれだけ心地いいか。あなたが手にする物、身につける服やバッグやアクセサリーも、持つ数は少ないかもしれませんが、最高に気に入っている上質な物を普段使いに使えたら、どんなに気分が上がるでしょうか。

物質には周波数があります。人間にも周波数があります。「お気に入り」というのは、その周波数がチューニングされたかのようにマッチして共鳴した時のことで、お互いがとても心地いいのです。

物を多く持てば、物があふれる可能性と、もしくは、捨てる可能性も増えていきます。しかし、**片付けや整理整頓の目的は捨てることではなく、数少ないお気に入りの物を長く大切に使うことにある**のです。

昨年、私は、10年間使った椅子を処分しました。私はその椅子二つを手放す時に、涙が出そうになりました。たった10年で捨てるくらいなら、次は買わなくてもいい！　とさえ思いました。つまり、物を捨てるつらさのような感覚を味わったのです。物を処分するということは、まるで、仲の良かった友達と、別れるような感覚でした。

初めてその椅子が我が家に来た時に、私はそれがとても気に入っていました。そして、重い私のお尻をいつも支えてくれていたな、とか、ここに座ってワンワン泣いたこともあったな、などと思い出し、捨てる、という行為は『物質との別れ』を意味するのだ、と思った瞬間でした。


物を大切にするようにと親や祖父母に教えられた人たちもまた、捨てることへの罪悪感があると思います。それ自体は悪くないのです。捨てないで済むようなものを、買おうと思うからです。


このような経験は、買う時に安易に妥協で選んだりせず、捨てる、ということがないように慎重に買おう！という気持ちにさせるものです。

「安物買いの銭失い」これは本当に真実です。気に入らない妥協の物があるくらいなら、そこに物はないほうがまだいいのです。

部屋だけは、私たちの意志でどうにでもできる分野です。その分野が、気に入らない物や、妥協の物であふれているとしたら、自分をも管理できないことになってしまいます。

さて、物を少なくすると、よいことがたくさん起きます。

まず、物はエネルギーとはよく言ったもので、**気に入らない物、古い物、使わない物、壊れた物などは、それ相応のエネルギーを発しています。つまり、あなたとマッチしないエネルギーを部屋中に放出していることになります。**

何かが停滞している感がある時は、掃除をすることで、エネルギーの循環がよくなります。古くて使わない物をずっと持ち続けている人には、新しい物が入ってこないのです。

もしも、あなたが、人生思うようにいかない、行動力がない、人間関係がうまくいかない、原因不明の体調の悪さ……などなどの様々な問題を抱えているなら、まずは掃除をしてみてください。

家の中のエネルギー停滞、つまり部屋の中が汚い、ということが関係していることがあるようです。これは何も風水的なことだけではなくて、ドイツでは、患者の症状が西洋医学の治療で改善されない時、医師がその患者の家を訪ねて「氣の流れ」をチェックするそうです。
もし、家の中に、次のような物がある場合、手放すことがおすすめです。

■壊れた物（置いたり、使ったりしている）
■役割を果たしていない物
■嫌いな物（嫌いな人にもらった物も）

これらの物たちは、運気を下げる物でもあります。物はエネルギーですから、あなたとマッチしなければ、運気も下がるのです。形ある物はいつか壊れてしまいます。定期的にチェックして、常に欠けたところのない物で食事やお茶を楽しみたいですね。

Point

- 人生がうまくいかない時は、まず掃除をしてみる。
- 壊れた物、使わない物、気に入らない物は運気を下げるので即処分。

買い物の極意　両想いの法則

これまでのところで、物を減らす方法、少ない物で生活することの素晴らしさ、そしてお気に入りの物に囲まれて暮らす、ということについて書いてきました。

ここまで出来たら、あとは、物を買うというよりも、共に生活するパートナーにするために、「物を迎える」という感覚になってほしいと思います。

もし、物が人だとしたら、嫌な人を家の中に招き入れ、その人と生活をすることなどあり得ませんよね。物に対しても、そんな感覚になってみてください。


前の項目でも書きましたが、物が持つ周波数と自分の周波数が合致している時は、自分でも知らずにキャッチしているものなのです。つまり、ご縁というのは、人だけではなく、物ともあるのです。その物とご縁があるかないかは、感覚ですぐにわかります。

例えば、こんな感覚が起きた時は、**確実に自分の周波数と合っている**もの。

「うわ〜‼ これ、素敵〜。欲しいーーーっ！」のように、その物と出会ってしまったような感覚の時。探している時であっても、探していない時であっても、**一目惚れ的な「うわ〜‼」と魂が叫ぶような、自分にしっくりくる感覚。**みなさんも経験あるのではないでしょうか？ ズッキューン！ や、「出会ってしまった〜」の感覚。それはもう、その物と両想いになった瞬間なのです。

私は、以前、家具屋さんを見て回っていた時に、あるソファに釘付けになりました。「出会ってしまったー！」の感覚です。胸元をズッキューン！ と撃ち抜かれたかのような感じでした。

もう、それを見た途端、頭の中では、自分がそのソファに座り、コーヒーを飲んでいる絵が見えたほどです（笑）。もちろん、座らせていただいた時には、私の体を包み込むために作られたの？ と勘違いも甚だしいのですが、それくらい気持ちよい座り心地で、頭の中ではこのソファが家の中にあると、イメージしていました。

お値段は相当なものでしたから、すぐに迎えることはできませんでしたが、そのソファはもう、作られていないモデルでもありましたので、あまりのんびりはできないようで、その日から私の仕事に対するモチベーションは一気に上がったのです。

それはまるで、男性が好きな女性と結婚するために、結婚資金を貯めたり、生活をしっかりさせるために仕事をがむしゃらにがんばるかのような状態に似ていました。結局、それから2年後に家に迎えることができ、生活を共にしています。私たちは両想いなので、そのソファに座るたびに、笑顔になってしまいます。出会った日から変わらず、私たちの周波数は似ていて、共鳴し合っているのです。

出会うべくして出会う人、がいるのと同じように、物ともそういう感覚があるのです。そして、そういう感覚で何年も何十年も長いお付き合いができるのです。

それは、家具のみならず、ジュエリーもバッグも、服も時計も、小物、家などもそうです。その物たちが持つ周波数と自分の周波数がバッチリ合う時というのがあるのです。

もし、物との出会いがあって、そのズッキューン！な感覚もあって、すぐにでも迎えられる準備があるなら、どうぞ迎えてあげてください。だって両想いなのですから。それにより、あなたの波動はいい感じに上がり、エネルギー値が増して、元気に精力的に活動したり、仕事をバリバリがんばることができるでしょう。


ただ、借金してまで買うのは、まだ迎える時ではない、ということでしょう。それは結婚資金が貯まっていないけど、借金してまで、海外での挙式や披露宴をする結婚生活のようなものです。それではまだ、その物にふさわしい人になっていないということ。

ローンやリボ払いなどで高い金利を払ってまで必要ですか？ 計画的にローンを組めるならいいかもしれませんが、後先考えず衝動買いして、支払いに困る場合は、まだ迎える時ではないかもしれません。

しかし、たとえ、すぐに迎えることができる値段ではなくても、周波数がピッタリ合った物は引き合う性質があります。もっと周波数が合う物と出会うことがない限り、あなたとそれは引き合うことになるでしょう。いつかあなたのもとに来ます。離れたり、別れたりしてもご縁がある者同士は、結局引き合うのと同じです。

なかには、「一目惚れした物があります。しかし、本当にお金がなくて買えません。でも本当に欲しいです」と言われる方もいらっしゃいます。そういう方は手に入らないのでしょうか？　大丈夫です。いつか必ず手に入ります。

私たちは手に入れられない物を欲しいとは思わない、私たちは手に入る物ゆえにそれを欲しがるのです。欲しい！　と思った瞬間に、その欲しいと思った事柄や物、位置には、あなたとパイプができることになります。もし、そこで何の感情も動かなければ、パイプはつながりませんし、心が動かないということは、その物とは両想いでも何でもないので、深い関係性はありません。たとえ家に迎えても、すぐに飽きて捨ててしまいます。

もし、あなたがとても素敵なジャケットを見つけて「うわわー！　素敵〜！　欲しい！」と思って、その後値段を見てすぐに、「無理！」と思った瞬間、その関係性は切れます。ご縁がなかったのです。

いつも、値段に左右され、自分にはそんな高いのは分不相応、という意味付けばかりしていますと、セルフイメージも下がり、いつまで経っても欲しいクラスの服を買うことはできなくなるものです。

ふさわしい物に出合った時に、それにふさわしい自分である、というセルフイメージを持っていれば、両想いの二人はいつか引き合って結婚し、あなたはそれを手にしていることでしょう。

Point

- **買い物は、「両想い」の相手にすべし。**
- **「ふさわしい物に、ふさわしい自分」を意識してセルフイメージを高める。**

つらいときには、つらいと言う

世の中に飛び交う情報というのは、かなりの割合でネガティブな内容です。それに加えて、日々のストレス、対人関係の問題、金銭面での問題……自分の心が痛む内容をあげればきりがなく、そのような問題と上手に付き合っていかなければなりません。

しかし、何となく世の中の風潮は、ポジティブであることや、我慢や辛抱が美徳ともされ、ネガティブな感情を持つこと、吐き出すことはまるでできない人間がすることのような印象があるかもしれません。それゆえ、悲しかったり、つらいのに無理して笑い、怒っているのに平静を装ってみたり……。

感情と違った表情や態度をとることは、とても危険なことなのです。それはまるで自分の心にムチ打っているような行為であり、SOSを出している心の叫びを無視している状態です。負の感情を外に出さず溜め込み、モンモンとした感情を抱えたまま生活し、それらが長く続くと、本当にすべてを投げ出して消えてしまいたい！ 逃げたい！ そして生きるのがもう嫌！ とまで思う人もいるかもしれません。

ボールに空気圧をドンドンかけるとどうなるか、おわかりですよね。そのボールは破裂します。私たちの心も同じなのです。

負の感情を溜め込み過ぎると、あなたの心は壊れてしまいます。シンプルに考えたら、負荷がかかった圧は逃がすべきです。では、どうしたらいいでしょうか？ 負の感情のアウトプットをすることです。

「OUT（外へ）PUT（置く）」、つまり、この感情を心から外に追い出すことが必要なのです。それは癒しよりもリラックスよりも先にすることです。できれば、その日のうちに、スッキリさせたいものです。放置していたら、いつか心が爆発してしまいます。

まず、有効な手段は、信頼できる人たった一人に相談することです。

「でも、こんな愚痴ばかり言うなんて、情けないし、ネガティブな性格って思われたくないし……」なんて、余計なことを考える必要はありません。あなたが信頼している人は、あなたのつらい感情を受け止める器を持っている人です。『共感』と『つらさの共有』は心を非常に軽くします。それはまるで、重い荷物の半分を相手が持ってくれるかのようです。相談した後には、その重い荷物が全くなくなるかのような感覚にさえなるのです。

心を許せる友人、メンター、そして、全く知らないプロのカウンセラーを利用するのもおすすめです（依頼する前に、リサーチはしっかりと）。自分のことを知らないプロが相手なら、守秘義務があるので何を言っても大丈夫だ、という安心感もあります。

醜い心を見せても大丈夫です。知られたくない自分の過去や罪深さも全部吐き出しても、大丈夫です。周りの人もあなたと同じく悩みを抱えた人間ですから。**人は話を聞いてもらえるだけで、8割方の問題は解決しているケースが多いのです。**自分の気持ちに同意してもらえるだけで、ものすごく救われるものです。

さて、では誰にも話せずアウトプットできない場合はどうしましょうか？

もう一つのアウトプットの方法は、**今感じている感情を紙に書き出すことです。日記など大変有効です。**私も過去の一番つらかった時には、そのつらい気持ちを毎日ノートに何枚も書き綴ったものでした。書いているうちにその感情はどんどん整理されていくのです。ある調査によると、日記を毎日書いている人には精神的な病を抱える人の割合が少ないようです。

何を書いても構いません。悪口でもムカつくことでも、何でも思ったことをノートにアウトプットしているうちに、自分の考えがまとまったり、解決策がわかったり、スッキリしたり、発見がたくさんあるのです。愚痴ノートになってしまっても構いません。誰に迷惑をかけるものでもありませんし、その後スッキリするなら最高の手段です。一番よくないのは、そのつらい感情をふつふつと募らせ、ずっとその感情を持ち続けることなのです。できるだけ早くアウトプットしてください。あなたの心の中につらい気持ちや、負の感情の居場所を作ってしまいますと、身体そのものも蝕まれていくからです。

つらい時に「つらい」と言えない人は、あとで心のゆがみが出てしまいます。つらい時に、無理して笑っている人は、心がいつしか壊れてしまいます。

心が感じていることと、表情や言葉は同じなほうがいいのです。無理な表情ばかりを作り、空気を読むとか、大人の対応ばかりにとらわれ過ぎていると、自分が何を感じて、どんな感情なのかもわからなくなってしまいます。

つらい時には、つらいと言える人になりましょう。

Point

- **負の感情は、人に話したり紙に書くなどアウトプットは必須。**
- **心が感じることと、表情や言葉は同じほうがいい。**

「やりたくないこと」「なりたくない人」リストをつくる

コーチングのクライアントの中には、「やりたいことを見つけたい」とか「どう生きていきたいかを明確にしたい」ということでコーチングを申し込まれる方がいらっしゃいます。年の初めなどに、夢や目標を書こうと思ってもなかなかペンが進まないそうです。

「どうなりたいか、よくわからない」「やりたいことがわからない」「何をしたいのかもよくわからない」……周りはやりたいことをやってイキイキ・キラキラしているように見えるし、そんなふうに自分もなりたいけど、何をやりたいのかもまったくわからない方は、意外に多いのです。

そのような方にお勧めなのが、まずは、『こういうふうには生活したくない』『やりたくないこと』『そんな風にはなりたくない』を最初にリストアップし、それを踏まえた上で、目標を出す方法です。

まず紙とペンを用意して次のことを書いてください。

『やりたくないこと』『なりたくない自分』を思う限り書き出します。例えば

……

【やりたくないリスト】

・時間に追われた仕事
・家事
・会社勤め
・お金の管理
・好きではない人との仕事

【なりたくないリスト】

・意地悪な人

・人によって態度を変える
・お金にケチでせこい
・人を裏切る
・不平不満ばかり言う

このように、無理だろう、という枠を外して思ったことを書き出してみるのです。そしてやりたいこと、なりたい自分は右記の反対のことですので、次にすることは、右記の言葉を肯定的な表現で書き直すことです。

といいますのは、否定形で書き出すと、モチベーションが下がりますし、そのままの言葉が潜在意識にも脳にもインプットされますので、そのような人生を送ってしまうことになります。それで次のステップは、**ポジティブワード、肯定文に書き換える**のです。先程のリストを参考に書き換えてみましょう。

【やりたくない　↓　やりたい】
・時間に追われた仕事　↓　自由な仕事、起業する

・家事　↓　お手伝いさんを雇う、または夫にも手伝ってもらう
・会社勤め　↓　起業する
・お金の管理　↓　経理や税理士さんを雇う
・好きではない人との仕事　↓　好きな人を雇う

といった具合です。実は、このリストアップの内容は私のことで、このリストアップ後、すべて叶っております。目標が明確になるのです。では次にいきましょう。例えば……

【なりたくない　↓　なりたい】
・意地悪な人　↓　優しくて親切
・人によって態度を変える　↓　誰にもこびない、自分らしくいる
・お金にケチでせこい　↓　寛大な与える精神
・人を裏切る　↓　誠実である、正直である
・不平不満ばかり言う　↓　感謝の気持ちを常に持つ

これをしますと、より一層、自分の夢や目標、そして、どうありたいか？どう生きたいのか？が明確になっていくのです。つまり、このリストアップでは、逆にやりたいことや、なりたいものが見えてくるのです。

特に**「なりたくない自分」と「なりたい自分」を意識しますと対極の姿をイメージすることができるので、早くその理想に気付き、そこに向かって行きやすくなります。**

人生も時間も有限です。限りがあるからこそ、無駄な時間を過ごしている暇はありません。シンプルに考え、自分の心に素直になると、理想が見えてくるのです。やりたくないことをやっている暇はありません。あなたの貴重な時間は有効に使いましょう。

Point

- やりたくないことを書き出すと、やりたいことが見えてくる。
- 自分の心に素直になると理想に一歩近づける。

物事を好きか嫌いかで決めてみる

今から10年前の2010年に当社のスローガンを掲げました。それは、「やりたいことは全部やる、自分の人生！」。このスローガンを掲げ、これまでたくさんの女性たちの夢を実現するお手伝いをしてきました。実は、これは私の人生の中でも、大切な指針となっています。

しかし「自分のやりたいことを全部やる！」の意気込みですと、周りから「わがままだ」ととられたり、「自分のことばかり考えている」などのように捉えられたりしないだろうか？と不安に思う方もいらっしゃるかもしれません。ハッキリ申し上げますが、周りはあなたが、やりたいことをやっても、または何もしなくても、非難する人は非難するのです。

もっと家族のために……もっと人様のために……そんなふうに自分を与えることが高尚な生き方だと言われる方も中にはいらっしゃいます。しかし、物事には順番というものがあります。

自己犠牲の生き方は、ある意味素晴らしいのですが、しかし、いつもいつも、自分の利益や自分を満たすことよりも、他の人を優先させていると、そうした時に起きる感情は、ゆがんだものになっていきます。

なぜなら、相手が喜んでくれるのがうれしい！　感謝してくれるから、私うれしくて満足！　ということが前提ゆえ、もし相手から見返りもなく、喜んでももらえず、感謝もされなかった時、どう思うでしょうか？　つまり**条件付きの与える精神は真の喜びにはならず、一時的な自己満足に過ぎないのです。**

もし、自分が満たされていて、その上で他の人に与えるという行為ならば、相手から感謝されなくても、相手がたとえ喜びを表さなくても、相手からありがとう、と言われなくても、気にならないものです。

自分で自分を満たせている人は、他人からのありがとうを期待していないのです。だから、見返りなど期待せずに、快く与えることができるのです。

「人の為」と書いて、「偽」とはよく言ったものです。そのような生き方は人生の軸が他人ということ。もっともっと主体的に生き、もっともっと自分を満たすことをして、自分が満たされていくと、自然に他の人への利益に興味・関心が湧くものです。

さて、あなたは、我慢し過ぎていませんか？ 他人のためだけに生きていませんか？ 他人の目線ばかりを気にして、自分のやりたいことも後回しにしてきた人は、素直に生きるって何だろう？ 自分は何を選択したいのかわからない、ということになるのです。そんな時のシンプルな判断材料は……

「好きか嫌いかで決める」というもの

好きか？ 嫌いか？ というのは、きわめて直感的で、本能的で、右脳からの声、つまり潜在意識からの声なのです。

この本能の声をキャッチできるようになると、本当にシンプルに、人生楽ちんで生きやすくなるのです。

例えば、選択で迷う時が私たちはよくあります。

・飲み会に行くか？ 行かないか？
・この商品を買うか？ 買わないか？
・この人と付き合うか？ 付き合わないか？

これら二者択一の質問をする時は、こう変えてみましょう！

・私は飲みに行きたいの？（その飲み会は好きか？）、それとも行きたくないの？（嫌いか？）
・私はこの商品が欲しいの？（この商品は好きか？）、それとも欲しくないの？（嫌いか？）

・私はこの人と付き合いたいの？（この人が好きか？）、それともそうでもないの？（嫌いか？）

こうした二者択一に迷う場合は、子どものように本能で決めるのです。それは潜在意識からの答えですから、成功する確率も非常に高いのです。このように自分にとって心地いいほうの選択をするクセ付けをしていくと、生き方が、かなりシンプルになっていきます。

今日からの生活、自分の好き嫌いで決定してみると、直感が冴えると思いますので、やってみてください。

Point

時には本能に従うと、生き方がシンプルになる。

感謝をすると、心がシンプルになる

生活をもっともっとシンプルにする方法があります。
それは**「感謝の気持ちを高めること」**。

感謝というのは、自己啓発の世界でも、スピリチュアルの世界でも、心を豊かにするのも、文字通り金銭面・物質面で豊かにするのにも、健康面でも、そして人生を幸福なものにするにも一番大切なこと、と言っても過言ではありません。そして、生活と人生をシンプルにするのにも、とても重要な要素と言えます。なぜでしょうか？

それは、人生の中で感謝できることにフォーカスしていますと、脳の機能上、さらに、もっともっと感謝できるいわれを探し出し、それ以外はスルーできるようになるからです。

大抵の場合、生活や人生の中で人が注目していることといったら、不足感、不満足、欠乏感です。人間関係においても、期待している通りに物事が運ばなかった、という欠乏の部分が私たちをイライラさせてしまうのです。


しかし、その欠けた部分に注目するのではなく、埋まっている部分、当たり前のようで当たり前ではない、ありがたい、と思える部分に注目していると、もっともっと脳はそういう部分を探し始めます。そうしますと、他は見えなくなり、シンプルになっていくのです。それはあたかも、虫眼鏡で日常の小さなありがたいことを見ているようです。虫眼鏡は小さなものを大きく見せますから、そのレンズの中には、ありがたいことがデカデカと映っています。

あなたの日常生活のありがたいことが、あなたの視界に大きく映っていたら、そこだけが目に入ってきているかのようです。そう、私たちの見る世界が、ありがたいことで占められているかのような感覚にさえなるのです。

さて、感謝の気持ちがあると、さらにどんないいことがあるでしょうか？

どんどん心や頭の中にある、要らないものがなくなっていくのです。つまり、心の中にもスペースができます。このスペースは、「余裕」なのです。

生活の中で、この「余裕」がありますと、イラッとさせる出来事に直面しても、さほど反応しないで済みます。余裕がない人ほど、小さなことにイライラしたり、怒ったりしてしまうのです。

では、感謝と心の余裕とには、さらにどんな関係があるでしょうか？ 感謝の気持ちがあるならば、今ある物（自分がすでに持っている物）に目を留めているゆえ、何を見ても、何をしていても、ありがたいな～という気持ちに満たされます。そして、そういう気持ちがある人は、視野が広いのです。

もし、感謝の気持ちがなければ、視野が狭くて、自分のことしか見えないでしょう。狭い、ということはスペースがない、つまり余裕がないということなのです。ないない、と思えば思うほど、脳はないものを探そうとします。感謝の気持ちを持って、あるものに注目するようになると、もっともっと豊かになり、心に余裕が出てきます。あなたは十分に持っているのです!!

次の例え話を考えてみてください。

もしあなたが、今の仕事についてこんなことを言ったとします。「会社の給料安いし、上司はウザいし、家に帰れば夫はムカつくし……何だか私って不幸せ?」。すると、発展途上国の人からこんなことを言われるかもしれません。

「でも、お給料がもらえる仕事があるでしょ? いいじゃない。ムカつく夫でもお給料入れてくれるんでしょ? ご飯毎日食べられるんでしょ? 私なんて、一日一食、食べるのがやっとだよ。この前なんて、子どもを病院に連れていくお金もなくて、一人亡くしたよ。別の子はお腹すいて隣で泣いているよ。私は自分の子どもにさえ十分な食べものも与えることができないんだよ。あなたは十分幸せだよ」

ちょっと視点を変えて、感謝の気持ちで物事を見た時に、今の環境がいかにありがたい状況なのかが見えてきます。

Point

感謝の気持ちがあると、心に「余裕」ができ、満たされた人生であることに気付ける。

他の人の幸せを祈ると、自分が幸せになる法則

誰もが、『幸せ』を願っています。自分も幸せになりたい、愛する人が幸せであってほしい、世界中の人が幸せであってほしい、そして、自分と自分に関わる人もそうであってほしい……と。

人の幸福を願うその行為は、自分の幸福を願っている時よりも、パワーがあり、いつの間にか自分が幸せになっていることがあります。それは、私たちの脳や潜在意識が他人も自分も区別しないからでしたね。

つまりは、**人の幸せを祈れば祈るほど、自分にも幸せがインプットされていく**のです。

もっと言えば、実は、**自分の幸せを祈ることよりも、他人の幸せを祈ったほうが確実に自分が幸せになる**のです。なぜでしょうか？

それは、自分自身が幸せになりたい、と願う時、確実に言えるのは、「幸せではないから」幸せを求めるということです。幸せな人は、「幸せになりたい」と思わないですし、もちろん強く思ったり、祈ったりもしません。

つまり、幸せになりたいと思えば思うほど、「幸せではない自分」がインプットされてしまい、幸せになることに執着気味になってしまうのです。

ところが、他人の幸せを願う、というのは、さほどそこに執着はないのです。ですから、願ったあとは、割と忘れていたり、不安も恐れもそこには伴いませんから、自分にも叶いやすいのです。引き寄せの法則がうまくいかない三大要素は、「恐れ」と「不安」と「執着」ですから。他人の幸せに関して、その三つはほとんどの場合感じられないものです。

それで、ここでみなさんに、非常に効果があり、そして自分もたったの3秒で幸せになる方法をお伝えいたします。それは……、

まったくの、見ず知らずの人の幸せを祈ってみること

例えば街ですれ違った人、レジを打っている店員さん、電車で真向かいに赤ちゃんを抱っこして座っているお母さん、バスの運転手さん、暑さ寒さに耐えながら立って仕事をしている警備の男性、汗を流しながら営業している男性……思いついた時に、「あなたが幸せでありますように……」と、心の中に一瞬よぎる程度でもいいので、祈るのです。

そうしますと、何となく自分の中に湧き上がる「ふわり」とした温かい感覚を味わうことができるでしょう。そう、心が満たされる感覚です。それがクセになる頃には、あなた自身が内奥から満たされているはず。騙されたと思ってやってみてください。

また、祈りではなくても、身近な人で、誰かが何か新しいことにチャレンジしようとしていた時には、本当にその人がそれで成功するように、と願うこと。陰ながら応援することや、成功すればいいいな、と願うこと。これを続けていますと、

自分の成功脳を作る助けになります。

私自身、コーチになり、クライアントの成功のお手伝いをするようになってから、劇的に、自分の願望もほとんど叶うようになっていきました。コーチはクライアントのまだ表に出ていない底力なども信じています。彼らは絶対夢を実現する、成功すると信じていますから、その信じる力は自分にも作用しているのがよくわかります。叶わないことなど世の中にはない！　とさえ本気で思えるのです。

そして、毎日彼らの成功を、夜寝る前に祈るようになりました。

さて、祈りの力というのは、本当に作用する、という一例をお伝えいたします。

祈りは、〝想念〟のようなものです。想念は現実を引き寄せます。ゆえに、祈っている事柄は自分にも実現しますし、そして、離れている人々にも作用します。

祈りの実験で次のようなものがあります。

アメリカの大学では「信仰と医療」についての研究がなされており、祈りの力に注目した実験が行われています。『魂の再発見』（ラリー・ドッシー著／春秋社）には、元カリフォルニア大学の心臓学教授ランドルフ・ビルドがサンフランシスコ総合病院で行った心臓病患者393人による祈りの実験結果では、他人に祈られた患者は、そうでない患者より、はっきり治療効果が上がるということがわかったと紹介されています。

実験は、心臓病集中治療室に入院中の患者393人を対象に、10ヶ月にわたり行われ、393人の患者は、祈られるグループ192人と祈ってもらわないグループ201人で、臨床実験で行われるような厳密な基準をもとに、コンピュータによって振り分けられました。全国のカトリックとプロテスタント教会や様々な宗教グループに呼びかけ、患者のために祈ってもらったところ、祈られたグループの結果は驚くべきものでした。

抗生物質の使用は、祈られないグループの6分の1の人数。心臓疾患の結果、肺気腫になった人は、祈られないグループの3分の1の人数。また人工気道を必要とした人はゼロだったのに対して、祈られないグループでは、人工気道を必要とした人は12人もいたのです。

祈りの力は、離れていても確かに人に影響を及ぼすのです。祈りに関する実験は昨今、たくさん行われていて、その成果が多数出ています。量子力学では、すべての人々は素粒子でできており、その素粒子はすべての人々とつながっているので、祈った瞬間にその素粒子の動きは地球の反対側にいる人にも影響を及ぼすと言われています。

また別の調査では、なんと祈った人々の状態もよくなった、という結果も出ているほどです。祈る人、祈られた人両方に効果があることがわかっています。

苦しくない時こそ、誰かの幸せのために祈ってみてください。そうすると、その祈りの作用が、自分にも影響があることを知ることができるでしょう。

Point
▼ **他人の幸せを祈れば祈るほど、自分に幸せがインプットされる。**

おわりに

あなたにお伝えしたいことがあります。それは、本書を読んだ後に、「そう言っても難しい」と言わずに、シンプルに「へー、そっか！」または、「なるほど〜」と言ってみてください。物事を難しくするのもシンプルにするのも、自分次第なのです。もし、後者のような人であるなら、本当にあなたの人生は思い通りになっていくことでしょう。

最後に、いつも私を支えてくださっている、オフィシャルブログ「美人になる方法」の読者の皆様、こうしてまた、世に本を送り出すことができました。誰よりも一番先に皆様にありがとう！を伝えたいです。そして、本書をはじめて手にしてくださったご縁のありました読者の皆様、ありがとうございます。

本書を手にされるすべての皆様が、もっと自由に、もっと楽しく、もっと楽に人生を歩んでいくことができるよう、心より願っております。

感謝と共に

ワタナベ薫

本書は、マガジンハウスより刊行された単行本を文庫化したものです。

ワタナベ薫（わたなべ・かおる）
1967年生まれ。メンタルコーチ、作家、ブロガー。株式会社WJプロダクツ代表取締役、他2つの会社を経営する実業家。美容、健康、メンタル、自己啓発、成功哲学など、女性が内面、外見からきれいになる方法を独自の目線で分析して、配信している。過去には幾冊ものベストセラーを出版し、主な著書に『運のいい女《ひと》の法則』『生きるのが楽になる「感情整理」のレッスン』『美も願いも思い通りになる女《ひと》の生き方』（以上、三笠書房）、『なぜかお金を引き寄せる女性39のルール』『女は年を重ねるほど自由になる』（以上、大和書房）、『人生が変わる！「直感」の磨き方』（幻冬舎）などがある。

知的生きかた文庫

人生《じんせい》が思《おも》い通《どお》りになる「シンプル生活《せいかつ》」

著　者　ワタナベ薫《かおる》
発行者　押鐘太陽
発行所　株式会社三笠書房
〒一〇二-〇〇七二　東京都千代田区飯田橋三-三-一
電話〇三-五二二六-五七三四〈営業部〉
〇三-五二二六-五七三一〈編集部〉
https://www.mikasashobo.co.jp
印刷　誠宏印刷
製本　若林製本工場

ISBN978-4-8379-8653-9 C0130

知的生きかた文庫
わたしの時間
シリーズ

美も願いも思《ひと》い通りになる女の生き方

ワタナベ薫

＊美しさ、お金、愛――
すべてを引き寄せる人生のつくりかた

マニュアル通りの生き方なんてつまらない。あなたらしい人生を謳歌するために、「努力」よりも「思い込み」を変えることで、願いを叶える方法を教えます！

贅沢な時間

下重暁子

＊ものにもお金にも縛られない
知的に、魅力的に歳を重ねるヒント！

「贅沢な時間」とは、何気ない日常の中で想像力の翼を羽ばたかせ、楽しみを見つけられること――。心を遊ばせ、豊かに生きるための珠玉のエッセイ！

毎日、こまめに、少しずつ。

ワタナベマキ

＊人気料理家が教える
ていねいに豊かに暮らす家事のコツ！

忙しくてもためずに少しずつ家事をすることで、台所に立つ心が軽くなる。献立の立て方からキッチンの整理収納、掃除法までヒント満載の写真エッセイ！

C30122